소재가 경쟁력이다

소재가 경쟁력이다

이영관(도레이첨단소재 회장) 지음

핵심 경쟁력에 집중한
50년 소재 경영 이야기

KMAC

contents

Chapter 3
변화와 혁신의 리더가 되라

Chapter 5
배움에는 끝이 없다

못하는 것,
안 하는 것,
없는 것을 한다

그동안 앞만 보고 달려왔다. 그러다가 문득 뒤돌아보니 어느새 50년 세월이 흘렀다. 시간이 언제 그렇게 빨리 지났는지 놀랍다. 많은 사람이 어떻게 그 오랜 세월 변함없이 한 자리를 지켰느냐고 묻는다.

물론 그 질문에 대한 답은 나에게 있다. 마음속 깊이 자리하고 있는 생각들이 모여 결국 오늘의 나를 이끌었다. 그 생각을 다섯 가지로 정리할 수 있다.

첫째는 주인정신이다. 언제 어디서 무슨 일을 하든 항상 내가 그 일의 주인이라고 생각했다. 누가 시켜서, 월급을 받기 때문에 일한다고 생각해 본 적이 없다. 일이 곧 나였다. 모든 일이 내 일이었다. 주인은 일을 떠날 수가 없다.

소재가 경쟁력이다

둘째는 인내의 힘이다. '인일시지분면백일지우(忍一時之忿免百日之憂).' 한순간의 분함을 참으면 백 일의 근심을 면할 수 있다는 뜻이다. 어린 시절 아버지에게서 늘 들어 왔던 말이다.

사회생활을 하다 보면 내 뜻대로 되지 않아 화나는 일이 많다. 하지만 나는 크게 화를 내본 기억이 거의 없다. 화를 낸다고 문제가 해결되는 것은 아니기 때문이다. 화는 더 큰 화를 불러올 뿐이다. 삶을 돌아보면 아주 짧은 순간을 참지 못해 평생 후회하는 일이 얼마나 많은가.

분하고 화날 때도 꾹 참고 누군가에게 상처를 주거나 적을 만들지 않은 것이 내가 50년 사회생활을 해오는 동안 큰 버팀목이 되었다.

홀대받거나 거절당하면 자존심이 상해 멈춰 버리는 사람이 많다. 하지만 나는 그런 일에 크게 개의치 않았다. 세상에 늘 공평무사한 일만 있는 것은 아니다. 분노를 참고 견디기가 쉽지는 않지만, 장거리 경주와 같은 인생에서는 필요한 마음가짐이라고 생각한다. 내가 원하는 것을 얻기 위해 참고 인내하는 사람이 진정한 프로다.

셋째는 화합의 정신이다. '천지만물중화본야(天地萬物中和本也).' 천지 만물 중에서 인화가 가장 중요하다는 의미다. 삼성그룹에 입사해서 경산공장에 신입사원 인사를 하러 갔을 때 공장장실에서 처음 본 글이다. 그 문구를 보는 순간 평생의 좌우명으로 삼아야 겠다는 생각이 들 정도로 마음 깊이 와닿았다.

사업을 하셨던 아버지는 늘 '인화(人和)'를 강조하셨다. 아버지는 사람이 어울려 조화를 이루는 것이 기업인으로서 또 사회인으로서 가장 중요한 일이라 믿고 살아오셨다. 아버지에게서 배운 그 인화의 정신이 내 사회생활의 근본이 되었다.

넷째는 변화와 혁신의 정신이다. 한곳에 오래 머물렀지만, 고여 있지 않았다. 늘 변화하려 노력했고 새로운 것을 추구했다. 50년 직장생활 내내 변화와 혁신의 정신을 잃지 않았다. 잘되고 있는 일들도 과거와 다른 새로운 방법으로 혁신하기 위해 고민했으며, 안 되는 일은 반드시 이루겠다는 마음으로 도전했다. 이 정신은 내가 경영자로 살아오는 데 큰 힘이 되었다.

다섯째는 역지사지(易地思之)의 정신이다. 늘 무슨 일이든 다른 사람 입장에서 먼저 생각해 보려고 했다. 다른 사람 입장에서 생각하면 이해하지 못할 일이 없다. 내 고집만 주장하기 전에 상대 입장을 이해하려고 노력한 것이 사람들과 원만한 관계를 형성하는 데 큰 보탬이 되었다.

모든 것이 쉽게, 그리고 빨리 변하는 요즘 시대에 50년 동안 외길을 걸어왔다는 것이 어떻게 비칠지 모르겠다. 하지만 분명한 것은 쉽게 금방 이루어지는 일은 없다는 것이다.

소재가 경쟁력이다

우리나라 화학섬유 시장 태동기에 일을 시작해, 화학섬유 산업의 발전과 함께해 왔다. '못하는 것, 안 하는 것, 없는 것'을 이루기 위해 부딪히며 도전해 온 시간이었다. 맨바닥에서 시작한 화학섬유 산업이 최첨단 신소재 산업으로 성장, 발전하는 과정을 함께한 것을 커다란 행운으로 여긴다. 또한 앞으로 많은 후배가 그 도전을 이어받아 새롭게 나아가길 기대한다.

Chapter 1

주도하는 삶을
살라

긴 호흡으로
삶을 바라보라

초대 사장을 맡아 주세요

출발은 순탄치 않았다. 위기에 빠진 회사를 살리기 위해 합작 회사를 만든 상황이었기 때문에 회사 분위기는 매우 어수선했다. 경영 상황도 썩 좋지 않았다. 이익은커녕 연간 320억 원 규모의 적자를 내고 있었다. 보이지 않는 곳에서 직원들 간에 무성한 말들이 나돌았다.

"자네는 도레이 쪽으로 가게 되었다면서."

"부서 전체가 합작 회사로 넘어갔으니 어쩔 수 없지 뭐."

"헤어지게 되어 섭섭하군. 부디 새 회사가 잘되어 오래 근무하길 바라네."

"줄을 잘못 서는 바람에 도레이 쪽으로 가게 되었어. 앞날이 걱정이야. 한국에서 사업하다가 여의치 않으면 재빨리 손 털고 떠나는 게 외국 회사의 생리 아닌가."

"도레이는 세계적 기업인데, 설마 그런 일이야 있겠어?"

"우린 그래도 그룹 소속인데, 거기는 단일 회사이니 어려울 거야."

어느 기업이든 합작설이나 매각설이 돌면 직원들이 동요하기 마련이다. 우리 회사도 마찬가지였다. 도레이와 새한의 합작이 추진되면서 회사 곳곳에서 직원들이 삼삼오오 모여 불안한 앞날에 대해 이야기를 나눴다. 남는 사람과 떠나는 사람 사이에 묘한 갈등이 조성되기도 했다. '남는 사람은 적자(嫡子)요 떠나는 사람은 서자(庶子)'라는 말까지 등장했다. 도레이 합작사의 경우 외국계 기업이니 여차하면 철수할 거라는 막연한 불안감이 있었다.

"사장을 맡아주세요."

새한에서는 내가 남아주기를 원했지만 도레이의 강력한 의지로 나는 새로운 합작 회사의 사장을 맡게 되었다. 하지만 '초보' 사장에게는 너무 가혹한 상황이었다. 경영자로서 비전을 세우고 뜻을 펼치기도 전에 어려운 상황에 처한 회사부터 살려야 했다. 생존이 곧 비전인 상황이었다. 아무리 좋은 비전도 생존하지 못하면 아무 소용 없다. 자칫 잘못하면 경영자로서 꽃도 피워 보지

소재가 경쟁력이다

못한 채 끝날 수 있었다.

내가 가장 먼저 한 일은 어수선하고 흐트러진 조직의 분위기를 추스르는 것이었다. 그래서 회사의 미래를 걱정하는 직원들에게 확신을 심어 주기 위해 애썼다.

"걱정하지 마세요. 우리 도레이는 세계적 기업이고 필름 분야에서 세계 1위입니다. 분명 더 잘될 겁니다."

미래에 대해 겁먹고 두려워하는 직원들의 어깨를 다독이고 자신감을 불어넣어 줘야만 했다. 그 동안 내가 도레이에 대해 알고 있던 지식과 경험을 총동원해 직원들을 달래고 이해시켰다. 새 출발에 앞서 가장 중요한 일은 함께 나아갈 사람들에게 믿음을 심어 주고 비전을 제시하는 거라고 여겼기 때문이다.

그런 노력 덕분인지, 직원들도 차츰 안정을 찾아갔다. 이직을 고민하던 직원들도 마음을 잡고 맡은 일에 집중했다.

사원으로 출발해 회장이 되다

요즘 젊은 사람들은 상상하기 어렵겠지만, 나는 신입사원으로 입사해 50년간 한 회사에서 일하며 회장 자리에까지 올

　　　　　　　　　　주도하는 삶을 살라

랐다. 입사한 지 21년 만에 임원이 되었고, 26년 되던 해 사장, 40년 만에 회장 자리에 올랐다.

50년 직장생활을 돌이켜보니 직원으로 일한 시간보다 임원으로 일한 시간이 더 길다. 높은 자리로 올라갈수록 책임감도 커지고 어깨도 더욱 무거워진다. 나는 우리 회사의 회장 자리에 있지만, 이 회사를 가장 오래 다닌 사람이기도 하다.

나의 50년 이력을 나열해 보면 여러 회사에서 근무한 것 같지만, 나는 회사를 옮긴 적이 없다. 회사가 분리되거나 합쳐지면서 회사 이름이 바뀐 것뿐이다.

1973년 삼성그룹에 입사해 제일합섬에서 직장생활을 시작했다. 그러던 중 1990년대 중반, 삼성그룹에서 분리된 제일합섬이 새한그룹에 편입되면서 회사명이 주식회사 새한으로 바뀌었다.

그리고 얼마 지나지 않아 1997년 외환위기를 겪으면서 또 한 차례 변화를 맞았다. 자금난으로 어려움을 겪던 새한그룹은 제일합섬 시절부터 합작 관계를 맺어 온 일본 기업 도레이에 인수 의사를 타진했고, 도레이가 관심을 보여 매각 협상이 급물살을 탔다.

당시 새한에서 사업장장이자 전무이사로 일하던 나는 매각 프로젝트 실무 책임을 맡았다. 6개월여에 걸쳐 실사와 양도·양수 협상을 진행한 결과, 1999년 10월 도레이와 새한의 60대 40 비

소재가 경쟁력이다

율로 합작 회사 도레이새한이 탄생했다. 그리고 나는 이 회사의 초대 사장을 맡았다.

직장생활을 시작한 지 26년 만에 맞은, 전혀 예상하지 못한 갑작스러운 상황이었다. 이후 도레이새한은 소재산업의 의지를 담아 2010년에 '도레이첨단소재'로 이름을 바꿔 오늘에 이르고 있다.

반박자 늦은 진급

50년간 일하면서 나는 회사 내 모든 직급을 경험했다. 사실 나는 성공가도를 달리던 직장인은 아니었다. 오히려 크고 작은 실패가 많았다. 인사기록 카드를 보면 감급이나 견책과 같은 징계가 수두룩하고, 인사에 반영되지 않는 사고도 많았다. 심지어 사고에 대한 책임을 지고 회사를 그만두려고 한 적도 있다.

입사 동기들과 비교해도 늘 반박자 늦었다. 남들은 5년 걸리는 과장 진급을 6년 만에 했고, 동기들이 부장으로 진급할 때 나는 차장이 됐다. 입사한 지 15년 만에 이사가 된 동기도 있었지만, 나는 겨우 21년 만에 이사보가 되었다.

주도하는 삶을 살라

빨리 승진하려면 일도 잘해야 하지만 때론 두루두루 잘 보이려는 소위 정무적 능력도 필요하다고 여기는 사람들도 있었다. 하지만 나는 그런 일에 능숙하지 못했다. 운도 따르지 않았다. 입사 동기 12명이 첫 근무지인 구미의 공장에 배치되어 가보니 1년 선배가 6명이나 있었다. 짧은 기간에 신입사원이 줄지어 입사해 자리가 잘 나지 않았다.

그런 상황에서도 다른 동기들은 나보다 먼저 진급했다. 동기가 앞질러 승진하는 상황에서 기분 좋은 사람은 없을 것이다. 그런 일로 스트레스를 받아 회사를 그만두는 사람도 많다. 하지만 나는 승진이나 직책에 크게 신경 쓰지 않았다. 당연히 기분은 좋지 않았지만, 스트레스를 심하게 받지는 않았다. 사실 현장이 너무 바빠 돌아가고 문제 해결에 매달리느라 스트레스받을 겨를도 없었다.

현장이 만든 존재감

나는 현장에서 일하는 것이 마냥 좋았다. 복잡하게 얽힌 문제를 고민하고 노력해 해결하면서 일종의 쾌감을 느끼곤 했다. 나에겐 기술자로서 성장하는 것이 가장 중요했다.

생산 현장에서 직원들과 동고동락하며 눈앞에 놓인 일들을 어떻게 해결할지 고민하고 공정을 개선하는 데 온 힘을 쏟았다. 내가 맡은 분야에서 최고 전문가가 되고 싶었다.

현장에서 갈고 닦은 '기술의 힘'은 시간이 지나면서 더욱 빛을 발했다. 처음에는 승진이 늦었지만, 임원이 된 뒤에는 오히려 초고속 승진 가도를 달렸다.

1994년 이사보가 된 후 거의 1년마다 한 단계씩 승진해 나보다 빨랐던 동기나 선후배들보다 앞서 나갔다. 상무가 되었을 때는 입사 동기가 회사에 아무도 남아 있지 않았다. 1999년, 임원이 된 지 5년 만에 마침내 사장 자리에 올랐다.

내가 임원이 된 다음에 고속 승진한 비결을 꼽자면 바로 '현장의 힘'이다. 나는 직장생활 대부분을 현장에서 보냈고, 여러 공장 건설에 참여했으며, 많은 신규 사업을 이끌었기 때문에 사업 전반에 대해 훤히 알고 있었다. 지금도 우리 공장의 공정들이 머릿속에 세세하게 기록되어 있다. 현장을 잘 아는 것이 나의 경쟁력이자 든든한 무기가 되었다.

초임 임원 시절 어느 날, 회사의 중요한 사업 아이디어를 논의하는 이사회 자리에서 외부에서 새로 부임해 온 사장이 회사의 사업 부문과 관련해 의견을 물었다.

주도하는 삶을 살라

"이 일을 어떻게 처리하는 것이 좋을까요?"

사장의 질문에 회의실 안은 쥐 죽은 듯이 조용했다. 다들 우물쭈물하며 대답을 피할 뿐 누구 한 사람 나서지 않았다. 사실은 관련 내용을 정확히 몰라 의견을 내놓지 못하는 듯했다. 자칫하면 새로 부임한 사장 앞에서 임원진 전체가 망신당할 상황이었다.

나라도 나서야겠다는 생각에 의견을 말하기 시작했다. 모두의 시선이 나를 향했다. 비록 초임 이사였지만 현장 경험이 많았던 나는 사례를 들며 구체적인 대안과 실행 방안을 조목조목 제시했다. 내 이야기가 끝나자, 집중해서 듣고 있던 사장이 고개를 가볍게 끄덕였다.

회의장 여기저기에서 안도의 표정이 보였다. 가장 중요한 문제 하나를 해결한 셈이었다. 그리고 그날 내 아이디어는 회의 결론으로 채택되었다.

그 후에도 나는 중요한 임원 회의나 이사회에서 회사의 주요 현안에 대해 거침없이 의견을 제시했다. 풍부한 현장 경험 덕분에 정확한 정보와 치밀한 분석력으로 어떤 자리에서든 빠르고 현실적이며 구체적인 대안을 내놓을 수 있었다. 그러자 자연스럽게 사내에서 존재감이 높아졌다.

소재가 경쟁력이다

묵묵히 견디면 기회는 온다

시작이 조금 늦고 더디더라도 자기 분야에서 꾸준히 노력하면 언젠가는 빛을 볼 수 있다. 당장 눈앞의 현실이 만족스럽지 않고 조바심이 나더라도 조금 멀리 보라. 인생은 생각보다 훨씬 길다.

대표적인 대기만성형으로 유명한 미국의 제34대 대통령 드와이트 아이젠하워는 1915년 미국 육군사관학교인 웨스트포인트를 졸업한 후 남들이 가기 싫어하는 야전의 한직을 전전했다. 평화 시기에는 야전 군인들이 주목받을 일이 별로 없지만, 아이젠하워는 묵묵히 경험을 쌓았다.

그러던 중 제2차 세계 대전이 터지면서 기회가 왔다. 그의 풍부한 야전 경력을 알아본 맥아더 장군이 그를 보좌관으로 발탁한 것이다. 만년 소령이던 아이젠하워는 마침내 중령이 되었다.

이후 아이젠하워는 그동안 축적한 역량을 마음껏 발휘해 연승을 거두면서 초고속으로 진급했다. 훗날 그는 제2차 세계 대전 최고사령관이라는 평가를 받았고, 그런 활약이 뒷받침되어 초대 나토(NATO)군 사령관 자리에 올랐으며, 마침내 미합중국의 대통령이 되었다.

주도하는 삶을 살라

아이젠하워는 누구보다 경험이 풍부했지만, 평화 시기에는 그 장점을 발휘하지 못했다. 그러나 전쟁이라는 '실제 상황'에서는 능력을 제대로 발휘했다. 물론 그의 능력을 알아본 좋은 상사를 만난 것이 큰 행운이었다.

남들보다 느린 진급이 역설적으로 나를 성장시킨 원동력이 되었고, 그 시간을 묵묵히 견딘 힘이 결국 대내외에서 '한국 화학업계 최장수 CEO'라는 평가를 받게 해주었다.

누구에게나 기회는 온다. 다만 그 시기가 각자 다를 뿐이다. 지금 자신이 처한 위치나 상황이 만족스럽지 않더라도 한탄하지 말고 실력을 쌓으면서 때를 기다려라. 긴 호흡으로 인생을 바라보면 현재는 물론 미래가 달라진다.

소재가 경쟁력이다

가장 싫어하는 말,
'월급쟁이'

정면으로 달려들어 즐겨라

"어머니, 영관이가 삼성그룹 공채에 합격했어요!"

삼성그룹 신입사원 공채 시험에 합격하고 친구 집을 방문했는데, 친구가 자기 어머니에게 큰 소리로 내 자랑을 했다. 친구 어머니는 나에게 축하 인사를 건넸다.

"영관이가 이제 월급쟁이가 됐구나."

친구 어머니는 월급을 받으며 살 수 있게 된 것을 축하해 주었지만, 나는 그 '월급쟁이'라는 말이 썩 좋게 느껴지지 않았다. 뭔가 전문적인 일을 하는 사람이라는 느낌보다 그저 월급을 받기 위해 죽어라 일하는 사람이라는 느낌이 들었기 때문이다. 그날 이후 '월급쟁이'라는 말의 의미를 곰곰이 생각하게 되었다.

회사에서 일한 대가로 돈을 받으니 직장인은 모두 월급쟁이다. 하지만 월급쟁이라는 말을 들으면 위에서 시키는 일만 하는 다소 소극적이고 수동적인 사람이라는 느낌이 들어 기분이 좋지 않았다.

직장인들이 자조적인 말로 월급쟁이가 어떻다느니 이야기하는 경우가 많은데, 나는 스스로를 월급쟁이라고 지칭한 적이 없다. 나를 월급쟁이라고 생각했다면 근무 시간 안에 일을 끝내고 빨리 퇴근하는 데 집중했을 것이다. 하지만 나는 누가 시킨 일이 아니라 내 일이라고 생각하며 시간 가는 줄 모르고 일했다. 그랬더니 시간이 흘러 결과도 좋고 주변의 평가도 좋아졌다.

직장인이라면 자기 일의 가치를 스스로 드높이는 것이 중요하다. 월급날만 기다리며 생활한다면 개인적으로나 조직 입장에서나 더 이상 발전을 기대할 수 없을 것이다.

어려운 일에 직면했을 때 '피할 수 없으면 즐겨라'라는 말을 종종 하는데, 나는 그 말도 별로 좋아하지 않는다. 그 말속에는 어쩔 수 없이 해야 하는 마지못함과 도피적인 심리가 함께 담겨 있기 때문이다.

그래서 나는 '정면으로 달려들어 즐겨라'라는 말을 더 선호한다. 어쩔 수 없이 하는 것보다는 정면으로 부딪치는 자세가 더 바람직하지 않을까.

소재가 경쟁력이다

해결하지 못할 문제는 없다

가끔 언론매체와 인터뷰를 하거나 외부 사람들을 만나 이야기할 때 이런 질문을 받곤 한다.

"오너도 아닌데, 그토록 오래 CEO를 지내는 특별한 노하우가 있습니까?"

그러면 나는 첫째도, 둘째도 '주인정신'이라고 대답한다. 무슨 일이든 내가 이 일의 주인이라고 생각하며 일해 왔다. 신입사원 이던 50년 전이나 회장이 된 지금이나 내 마음은 조금도 변함이 없다. 공장 건설 초창기부터 수많은 우여곡절을 겪었고, 경험도 없는 상태에서 새로운 분야의 일을 맡아서 하느라 동분서주했다. 하지만 '주인정신과 책임감'으로 그 힘든 과정을 이겨 냈기 때문에 오늘 이 자리에 있는 것이다.

나는 아무리 힘들고 어려운 일도 함께 머리를 맞대면 해결하지 못할 것이 없다는 신념으로 평생 일해 왔다.

'주인정신'으로 일하는 사람은 일에 대한 태도가 다르다. 나는 시키는 일만 하기보다 좀 더 나은 방법을 궁리하고, 필요한 일이 있으면 백방으로 뛰어다니며 해결하려 애쓴다. 무슨 일이든 스스로 만족할 만큼 완벽하게 처리해야 직성이 풀리며 내 일에 자부

주도하는 삶을 살라

심이 강한 편이다.

　신입사원 시절부터 내가 하는 일을 통해 '더 나은 사회, 더 나은 국가'를 만드는 데 기여할 수 있다고 생각해 왔다. 국가에 봉사하고 애국하는 것은 대단하거나 특별한 일이 아니다. 자기 자리에서 맡은 임무와 책임을 다하는 것으로 충분하다. 제품을 잘 만들어 조금이라도 더 많이 수출하면 그것이 곧 애국이다. 나는 배운 것을 도구 삼아 우리 사회에 이바지하는 것이 가장 나답게 살아가는 길이라고 믿는다.

소재가 경쟁력이다

아버지가 남긴
'유산'

논란이 생길 수 있는 일은 양보하라

1973년 삼성그룹에 입사해 한 달간 입문 교육을 마친 뒤 경산공장에 신입사원 인사를 갔다. 공장장실에 들어갔는데 사무실 정면에 붓글씨로 쓴 액자가 눈에 들어왔다.

'천지만물중화본야(天地萬物中和本也).'

'천지 만물 중에서 인화가 가장 중요하다'는 뜻이다. 그 글을 보는 순간 평생의 좌우명으로 삼아야겠다는 생각이 들 정도로 마음에 깊이 와닿았다. 50년이 지났는데도 그날의 기억이 어제 일처럼 생생하다.

내가 그 글에 강한 인상은 받은 것은 아마도 아버지의 가정교육 때문이었을 것이다. 사업을 하셨던 아버지는 늘 '인화(人和)'

주도하는 삶을 살라

를 강조했다. 일하면서 다른 사람들과 다투는 법이 없었고, 논란이 생길 것 같으면 늘 양보하고 화합하려 하셨다. 사람이 어울려 조화를 이루는 것이 기업인으로서, 그리고 사회인으로서 가장 중요한 일이라 믿고 살아오셨다. 사업이란 함께하는 사람들과 조화롭게 힘을 합해야 한다는 것을 잘 아셨기 때문일 것이다.

아버지는 대전역에서 1킬로미터쯤 떨어진 인동에서 제재소를 운영하셨다. 대전에서 규모가 가장 큰 제재소였다. 지역에서 부자라고 하면 양조장과 제재소를 첫손가락에 꼽던 시절이었다.

초등학교 4학년 때, 친구들과 학교 운동장에서 정신없이 뛰어놀고 있는데 담임 선생님께서 부르셨다.

"영관아, 어서 집에 가보거라. 아버님이 교통사고를 당하신 것 같구나."

선생님의 말씀에 깜짝 놀라 곧바로 집으로 달려갔다.

아버지는 고향 친구 네 분과 함께 전라북도 무주에 대형 정미소를 지을 계획이셨는데, 트럭에 네 분이 함께 타고 현장답사를 갔다가 전복 사고가 났던 것이다. 아버지는 사고 순간 차 밖으로 튕겨 나왔지만, 친구분들은 모두 목숨을 잃고 말았다.

그 사고 이후 모든 것이 바뀌었다. 친구분들의 장례식이 끝나자 아버지는 제재소와 집 등 모든 재산을 처분해 4등분한 뒤, 유

　　　　　　　　　소재가 경쟁력이다

가족들에게 나누어 주었다. 그 사실을 알게 된 어머니는 깜짝 놀라며 아버지에게 물었다.

"당신 마음은 충분히 이해해요. 그렇지만 5등분해서 우리 것도 남겨야지, 전부 주면 우리 애들은 어떻게 살아요?"

어머니 입장에서는 당연했다. 어린 나이였지만 나도 아버지의 결정이 잘 이해되지 않았다. 어머니가 여러 차례 설득했으나 아버지는 뜻을 굽히지 않았다.

"대전 바닥에서는 더 이상 살 수 없을 것 같다."

아버지는 우리 가족을 할아버지 집에 보내고 혼자 떠나셨다.

한참 시간이 흘러 사고 기억이 조금 흐릿해졌을 즈음 아버지께 그 일에 대해 여쭤봤다. 아버지가 담담하게 말씀하셨다.

"그걸 어떻게 5등분하겠니. 내 몫은 이미 목숨으로 받은 것이나 다름없는데."

그 나이에도 아버지의 결단이 존경스러웠다. 지금도 그날 아버지의 대답이 머릿속에서 지워지지 않는다. 친형제처럼 지내던 친구들을 한꺼번에 잃은 아버지의 심정을 어떻게 헤아릴 수 있을까. 아버지는 이후에도 오랫동안 죄책감을 안고 지내셨다.

아버지가 돈을 벌기 위해 대전을 떠나신 뒤 우리 가족은 판암동 할아버지 댁으로 들어갔다. 그리고 1년 반 정도 지나 내가 초등학교 6학년 무렵 우리 가족은 다시 모여 살게 되었다. 아버지가 다른 분과 경기도 문산에서 다시 제재소를 열어 온 가족이 문산으로 이사했다.

아버지를 통해 어린 시절부터 화합과 인화의 가르침을 배운 나는 '지금 이 사람이 내게 가장 소중한 사람'이라는 마음가짐으로 늘 주변 사람들을 대하려고 노력한다.

적을 만들지 않는 비결

'인일시지분면백일지우(忍一時之忿免百日之憂).'

한순간의 분함을 참으면 백 일의 근심을 면할 수 있다는 뜻으로, 『명심보감』〈계성편(戒性篇)〉에 나오는 구절이다. 어린 시절 아버지는 나를 앉혀 놓고 이 말을 자주 들려주셨다. 그러면서 친구들과 지내다가 화나는 일이 있어도 싸우지 말고 참으라고 하셨다.

"그런 말이 있지 않니. 맞은 사람은 발 뻗고 자고 때린 사람은 오그리고 잔다고. 맞은 사람보다 때린 사람이 오히려 근심이 큰 법이란다."

소재가 경쟁력이다

오랫동안 사업을 하면서 터득한 삶의 지혜일 것이다. 어릴 때는 제대로 이해하지 못했으나 크면서 아버지의 말씀을 이해하게 되었다. 그리고 그 말을 자주 떠올리곤 했다. 사회생활을 하다 보면 화나는 일이 많다. 하지만 화를 낸다고 문제가 해결되는 것은 아니다. 화는 더 큰 화를 불러올 뿐이다.

분하고 화날 때도 꾹 참고 누군가에게 상처를 주거나 적을 만들지 않은 것이 사회생활에서 큰 버팀목이 되었다.

물론 내가 그런 인내와 배려 가득한 삶을 살았다고 자신할 수는 없다. 그저 노력할 뿐이다. 화를 내지 않으려 하고, 화가 나더라도 겉으로 드러내지 않고 속으로 삭이는 편이다.

시간이 조금 지나 되돌아보면 화를 낸 것이 참으로 무가치하다는 생각이 든다. 감정에 사로잡히면 원인을 직시하지 못해 오히려 문제를 해결하는 데 방해가 되곤 한다.

옛 동료나 선후배 중에서 한순간의 노여움을 참지 못해 직장을 떠나는 경우를 여러 번 보았다. 박차고 나가 더 잘된 사람도 있지만, 그렇지 못한 사람이 훨씬 많았다. 능력이 뛰어난 사람들이 한순간을 이겨 내지 못하고 뛰쳐나가 힘들어하는 모습을 보면 안타까웠다.

세상에 공평무사한 일만 있는 것은 아니다. 분노를 참고 견디

주도하는 삶을 살라

는 것이 쉽지는 않지만, 장거리 경주와 같은 인생에서는 필요한 마음가짐이다.

누군가에게 홀대당하거나 거절당하면 자존심이 상해 거기서 멈춰 버리는 사람이 많다. 하지만 나는 그런 일에 크게 개의치 않는다. 아무것도 얻지 못하는 상황에서 자존심만 내세우면 결과는 뻔하다. 내가 원하는 것을 얻기 위해 참고 인내하는 사람이 진정한 프로다.

젊은 시절, 나는 도레이 합작 회사였던 제일합섬이 발전하려면 우리보다 앞선 도레이로부터 선진 기술에 대한 협력을 최대한 이끌어 내야 한다고 생각했다. 그 생각은 CEO가 된 후에도 달라지지 않았다. 물론 그 과정에서 자존심이 상하거나 마음에 상처 입는 일도 있었지만, 내 생각을 꾸준히 전달했다.

그랬더니 결국 상대방도 내 진심을 이해하고 신뢰하기 시작했다. 서로가 차곡차곡 믿음을 쌓아 가며 신뢰 관계를 넓혀 온 것이 오늘날 회사를 성장시킨 큰 힘이 되지 않았나 싶다. 진심은 배반하지 않는다.

소재가 경쟁력이다

가르쳐 주지 않으면
직접 배워라

신사업 진출이 물거품 되다

내 인생에서 가장 신나게, 가장 열심히 일한 시기를 꼽으라면 1970년대 후반에서 1980년대 후반까지 10여 년이다. 삼성그룹에 입사해 제일합섬의 중합과장, 제막과장, 수지생산부장을 역임했다. 업무적으로는 가장 힘들고 고통스러운 시간이었다.

하지만 당장 눈앞에 마주한 문제들을 해결하느라 힘들다는 생각조차 할 겨를이 없었다. 심지어 10년이 어떻게 흘러갔는지도 모를 지경이었다. 시간이 한참 흐른 뒤에야 그때 매우 힘들고 어려웠음을 깨달았다.

돌이켜보면, 난관을 극복하기 위해 치열하게 노력했던 그때, 한 인간으로서, 또 조직 구성원으로서 가장 크게 성장한 것 같다.

주도하는 삶을 살라

참으로 역설적이게도 고난과 역경은 사람을 단단하게 만든다.

1973년과 1978년, 두 차례 오일 쇼크를 겪은 후 한국 화학섬유업계는 새로운 변화가 필요했다. 가까스로 위기를 넘겼지만, 중국을 비롯한 후발주자들이 저임금을 무기로 대거 뛰어들면서 확실한 저성장 국면으로 접어들었다.

매출이나 이익, 성장성 모두 예전 같지 않았다. 당시 제일합섬도 변화와 대책 마련이 필요했다. 첫 번째 대안은 사업 다각화였다. 사업 구조를 화학섬유 일변도에서 비섬유 시장으로 확대해 돌파구를 마련하고자 했다.

사업 다각화를 위해 가장 먼저 시작한 분야는 폴리에스터 필름이었다. 폴리에스터 필름은 오디오 및 비디오테이프용, 전기·전자제품, 식품 포장재, 위생 자재 등에 주로 사용되었다. 우선, 오디오 및 비디오테이프용 필름에 도전하기로 했다.

폴리에스터 필름을 선택한 이유는 폴리에스터라는 원료를 사용해서 필름을 만드는 과정이 원면과 원사를 만드는 과정과 비슷했기 때문이다. 실은 선(線)이고 필름은 면(面)이라서 차이가 있었지만, 충분히 해볼 만하다고 판단했다.

1978년 당시 제일합섬은 도레이로부터 필름 기술을 도입해 국내에서 폴리에스터를 활용한 필름 사업을 위해 협의를 진행하

소재가 경쟁력이다

고 있었다. 그런데 상당한 로열티를 지불하고 폴리에스터 필름 기술을 도입하기로 한 협약이 거의 확정될 무렵, 국내 화학 회사인 S사에서 한국과학기술연구원(KIST)과 공동으로 폴리에스터 필름 개발에 성공했다는 소식이 대대적으로 보도됐다. 그런데 이후 S사는 국내 기술을 보호한다는 이유로 제일합섬의 도레이 필름 기술 도입을 막아 달라고 정부에 진정을 넣었다.

정부는 국산 기술을 보호해야 한다는 명분을 내세워 제일합섬의 도레이 관련 기술 도입을 5년간 금지한다고 발표했다. 그로 인해 오랫동안 준비해 온 새로운 사업 진출 계획이 물거품이 되고 말았다. 너무나 절망적이었다. 도레이와 진행하던 기술 제휴 작업이 중단되고, 신규 사업 진출도 5년이나 미뤄지는 예상치 못한 사태를 맞았다.

귀동냥으로 핵심 기술을 습득하다

그렇다고 마냥 손 놓고 있을 수만은 없었다. 제일합섬 경영진은 폴리에스터 필름 기술을 자체 개발하기로 결정했다. 연구소를 중심으로 폴리에스터 필름을 생산하는 주요 기업들이

주도하는 삶을 살라

각 나라에 출원한 필름 관련 특허를 조사해 특허 맵을 만들고, 기술이 어디에 집중되고 있는지 핵심 사항들을 조사하기 시작했다.

'필름 기술의 핵심은 결국 폴리에스터 칩이다.'

당시 중합과장이었던 나는 본격적으로 기술 조사를 진행하면서 필름 사업의 본질에 대해 깨달았다. 따라서 일본의 중합 기술자는 물론 설비 제조업체 관계자들과 광범위하게 접촉하고 지속적으로 교류하면서 중합 기술의 핵심에 대해 조사한 뒤 그 내용을 정리해 수시로 경영진에게 보고했다.

기술 도입을 위해 도레이와 실무 회의를 하면서 얻은 자료나 조언 등이 필름 개발에 매우 중요한 기반 기술이 되었다. 연구소 내에 별도의 태스크포스팀을 만들어 수집한 기술들을 체계적으로 정리하고 부족한 부분은 더 공부하면서 관련 기술을 정립해 나갔다.

설비와 기계 등 하드웨어를 이해하기 위해 각 설비 제조업체들과도 여러 차례 기술 미팅을 가졌다. 우선, 일본 폴리에스터 필름 생산업체들이 어떤 설비를 주로 사용하는지 집중적으로 파악하기 위해 노력했다.

"아, 그것은 회사의 기밀사항이라서……."

설비 제조업체들은 기밀이라면서 필요한 정보를 알려 주려 하

소재가 경쟁력이다

지 않았다. 그러나 우리는 포기하지 않고 끊임없이 문을 두드리고 설득해 나갔다.

우선, 일본에 사무소를 마련하고 관련 기술자들과 접촉하면서 현지 기술을 습득해 나갔다. 하드웨어 부분은 그나마 조금 나았다. 기계 회사들은 기계를 사면 사용 방법 등 필요한 기술을 어느 정도 설명해 주었기 때문이다.

'한 팀'의 열정이 불가능을 녹이다

하지만 소프트웨어라 할 수 있는 운전 기술은 완전히 달랐다. 특히 원료 중합 기술을 확보하는 것이 가장 문제였다. 도레이와 폴리에스터 필름 기술 제휴 협의 과정에서 얻은 자료들을 활용했다.

자료들을 보고 또 보면서 각 회사의 특허 내용을 분석하고, 그것을 공정별로 전부 파헤쳐 핵심을 파악했다.

부족한 기술은 필름 기업에서 은퇴한 기술자들의 도움으로 조금씩 완성도를 높여 갔다. 3~4년간 매달린 끝에 마침내 필름 생산 설비를 발주할 수 있는 시방서(specification)를 만들어 냈다.

원료 중합 기술의 핵심이 어느 정도 정리된 셈이었다. 하지만 막상 공장 실험에 들어가니 안 되는 것, 모르는 것투성이였다. 나는 필름 공정에 필요한 원료 칩 공급 책임자였기 때문에 부담이 더욱 컸다.

사실 당시에는 포장용 필름 칩 기술이 하이테크 기술이어서 쉽게 가질 수 없었다. 끈질기게 노력한 끝에 1982년 우리는 마침내 오디오 및 비디오테이프 제작에 필요한 자기용 테이프의 원단 필름용 칩의 핵심 기술을 개발했다. 그리고 부족하지만 스스로 중합 기술을 확보하고 필름 사업의 첫발을 내디뎠다.

그야말로 아무것도 없는 상태에서 시작해 하나씩 하나씩 묻고 배우고 연구해 기술을 터득한 셈이었다. 새로운 기술을 확보하고 폴리에스터 필름 사업을 시작하기까지 회사 안팎에서 수많은 조력자가 참여했다. 모두가 한 팀이 되어 이 프로젝트에 매달렸다.

1983년 가을 마침내 모두가 불가능하다고 여겼던 폴리에스터 베이스 필름 기술 개발에 성공했다. 할 수 있다는 도전 의식과 열정이 마침내 결실을 거둔 것이다.

소재가 경쟁력이다

사람이
가장 중요하다

'외인부대'로 새로운 팀을 구성하다

수많은 시행착오를 거쳐 마침내 필름 생산에 필요한 제막 설비를 발주하고, 중합 기술도 어느 정도 정립했다. 제막과(製膜課)라는 새로운 부서도 만들고, 1984년 1월 1일 자로 나는 중합과장에서 차장으로 승진해 제막과의 책임자가 되었다.

그때는 '막을 만든다'는 의미로 '제막'이라는 말을 사용했는데, 요즘에는 '필름 생산'이라고 한다. 어쨌든 나는 비섬유 신규 사업인 필름 생산팀을 맡아 걱정과 함께 막중한 책임감을 느꼈다.

부서가 만들어졌지만 인력 구성이 문제였다. 전 공장에서 제막과 팀원들을 뽑았다. 구미공장뿐만 아니라 당시 직물을 생산하던 경산공장에서도 많은 인력을 받았다. 하지만 그중에는 전혀 경험 없는 젊은 직원들도 있고, 나이 많은 직원들도 있었다. 그렇게 해서 모두 72명이 모였다.

신규 사업을 시작할 때는 인재가 가장 중요하다. 하지만 각 부서에서는 한창 중요한 업무를 담당하는 핵심 인력을 순순히 내주려 하지 않았다. 따라서 맡은 일의 중요성이 조금 떨어지거나 경험이 부족한 직원, 담당하는 업무가 조금 애매한 직원, 나이가 많은 직원 등이 신규 부서로 차출되는 경우가 많았다. 모두 모아 놓고 보니 마치 '외인부대' 같은 느낌이었다.

모두가 관련 기술에 대한 경험이 전혀 없었기 때문에, 한마디로 백지상태에서 시작해야 하는 실정이었다. 아무것도 모르는 직원들을 가르쳐 함께 가야 하는 상황이 막막했다.

게다가 같은 부서에서 오래 손발을 맞춰 온 것이 아니라 각기 다른 부서에서 일하던 사람들이다 보니 호흡을 맞추기도 어렵고 기술 수준을 끌어 올리기도 쉽지 않았다. 그러나 어려운 여건에도 불구하고 뭔가 새로운 것을 만들겠다는 열정과 새로운 기술을 배우고자 하는 의지는 그 누구보다 강했다.

소재가 경쟁력이다

낮에는 공사하고 밤에는 공부하다

'사업에 성공하려면 전 직원이 한마음으로 임해야 한다. 그러려면 내가 솔선수범을 보여야 한다.'

이런 생각에 아침마다 가장 먼저 출근해 공사 현장을 한 바퀴 돌아보고 나서 현장에 있는 식당에서 아침을 먹곤 했다.

작업복에 안전모를 눌러쓴 채 작업용 신발을 신고 식당에 가면 식당 아주머니는 안쓰러운 듯 국수를 그릇이 넘치도록 담아 주곤 했다.

"아침부터 일하려면 배고플 텐데 많이 먹어요."

나중에 듣기로, 그 당시 식당 아주머니들은 현장 인부가 아침도 못 먹고 매일 일하러 오는 것으로 여겨 국수를 가득 담아 주었다고 한다.

당차게 시작했으나, 필름을 생산하기는커녕 필름 공장 구경도 해본 적 없는 사람들과 함께 조만간 공장 설비를 갖춰 필름 생산에 들어가야 하는 상황에 눈앞이 캄캄했다.

모든 직원을 한 방향으로 이끌어 가는 데는 교육만큼 좋은 것이 없다는 생각에 틈만 나면 필름 기술 교육을 했다. 경력 사원을 채용해 사내 강사로 활용하면서 자료와 교재를 바탕으로 가상 훈련도 했다.

생산 라인이 완성되기 전이었기 때문에 직접 기계를 만져 볼 수 없어 책을 통해 공부하며 공장 가동에 필요한 지식을 쌓아 갔다.

낮에는 공장 건축, 기계 설치, 전기 배선 등의 공사를 정신없이 진행하고, 밤에는 교육 훈련을 계속했다. 그러면서 온갖 정보를 끌어모으고 생산 공정에 필요한 작은 단서라도 있으면 어디든 달려갔다.

당시 국내에는 폴리에스터 필름 생산 공장이 없었기 때문에 배우고 싶어도 견학할 만한 곳이 없었다. 설령 그런 공장이 있었더라도 경쟁업체에 순순히 공개하지 않았을 것이다. 조금이라도 참고할 만한 공장을 찾으면 아무리 멀어도 직원들과 함께 가서 두 눈으로 확인했다.

한번은 폴리에스터 필름은 아니지만 폴리프로필렌 필름을 생산하는, 경기도에 있는 한 공장을 어렵게 섭외해서 찾아갔다.

견학하기로 한 공장에 도착했지만, 공장 안으로 들어가는 과정은 녹록지 않았다. 담당자가 종이를 한 장 가져오더니 나에게 도장을 찍으라고 했다. 일종의 각서였다.

'앞으로 OPP 필름을 절대 생산하지 않겠습니다.'

소재가 경쟁력이다

경쟁업체가 되지 않겠다는 각서를 쓰고 난 뒤에야 공장 안에 들어갈 수 있었다.

"쉽지 않은 기회이니 다들 잘 보고 와야 해."

공장 안으로 들어가기 전에 우리는 작전회의를 했다.

"자네는 이 부분을 꼭 확인하고, 자네는 저 부분을 꼭 보고 와야 해."

나는 직원들에게 각자 파악해야 할 파트를 나눠, 자신이 맡은 부분을 책임지고 기억하도록 했다. 두 번 다시 찾아오지 않을 기회라고 생각했다. 비록 폴리에스터 필름은 아니지만 필름 공장을 처음 보는 것이어서 궁금했던 공정 기술을 이해하는 데 큰 도움이 되었다.

그렇게 이곳저곳 발품 팔며 곁눈질한 기술들로 간신히 생산 라인을 만들고 본격적으로 제품 생산에 돌입했다.

어렵게 공장 가동을 시작했으나 롤에 필름을 감는 과정에서 필름이 자주 끊어졌다. 우리는 폴리에스터 섬유만 생산해 실이 나오는 공정에는 익숙했지만 필름처럼 넓은 면 형태로 나오는 공정에서는 어려움을 겪었다. 당시 필름을 고속으로 감는 기계나 기술이 없는 것이 가장 큰 문제였다.

'이 문제를 어떻게 해결하지?'

주도하는 삶을 살라

오랜 고민 끝에 제지 공장을 떠올렸다.

'종이도 필름처럼 넓은 면을 감으니까 비슷하지 않을까?'

종이를 감는 작업이 필름을 감는 것과 비슷하니 그 기술을 응용하면 도움이 될 것 같았다. 삼성그룹 계열사 중 하나인 전주제지는 그 당시 7미터 폭의 펄프로 만든 종이를 분당 700미터씩 감는 기술을 갖고 있었다. 나는 60여 명의 직원을 이끌고 전주제지 견학에 나섰다.

빛나는 청춘의 열정

견학 하루 전날 전주에 도착해 호텔에 여장을 풀었다. 다음 날 견학을 위해 저녁을 일찍 먹고 잠시 자유 시간을 주었다. 그런데 자정이 다 되도록 아무도 호텔로 돌아오지 않았다. 휴대전화가 없던 시절이라 연락도 안 되어 걱정이 많았지만, 팀원들을 믿었다.

'그래, 별일 없겠지.'

그때 내 방으로 전화가 걸려 왔다.

"차장님, 지금 이곳으로 빨리 좀 오셔야겠습니다."

소재가 경쟁력이다

"왜, 무슨 일이야?"

무슨 큰일이 생겼나 싶어 불안한 마음에 서둘러 직원이 알려 준 곳으로 달려갔다. 매일 공장에서 기계만 바라보며 일하던 직원들이 모처럼 얻은 자유 시간을 나이트클럽에서 만끽하고 있었다. 청춘의 끓는 피를 어떻게 막을 수 있겠는가. 당장 자리를 정리하고 모두 호텔로 돌려보낼까 하는 마음도 있었지만 오늘만큼은 그렇게 하고 싶지 않았다.

"지금부터 한 시간만 더 놀고 모두 숙소로 복귀하도록 하세요."

엄명을 내린 후 술값을 계산해 주고 숙소로 돌아왔다. 그러나 잠이 오지 않았다.

'내일 공장 견학을 하려면 다들 정신 똑바로 차려야 할 텐데.'

다행히 내가 호텔에 들어오고 채 한 시간이 안 되어 모든 직원이 숙소로 돌아왔다는 보고를 받았다. 그제야 맘 편히 잠자리에 들었다. 물론 다음 날 공장 견학도 무사히 마쳤다.

돌이켜보면 그 시절, 혈기왕성해 에너지가 넘쳤기에 새로운 일에 겁 없이 도전하고 때로는 미치도록 즐겼던 것 같다. 그들이나 나 모두 빛나는 청춘이어서 가능한 도전이었다.

물론 공장 견학이나 기술 연구에만 정신을 쏟은 것은 아니다. 본격적으로 공장이 가동되면 3교대로 나누어 근무해야 하기 때

주도하는 삶을 살라

문에 부서 내 모든 직원이 한자리에 모이는 것이 불가능했다. 그래서 시간이 되면 막걸리와 돼지고기를 사 들고 낙동 강변에 나가 단합을 다지며 즐거운 시간을 보냈다. 그 자리에는 가족이나 연인도 함께하도록 했다. 요즘 워라밸을 중시하는 MZ 세대들에게는 낯설게 들릴 수도 있지만, 당시에는 직원 가족 또한 내 가족이나 다름없었다. 그리고 그것이 좋은 직장 분위기를 가늠하는 기준 중 하나였다.

1985년 3월, 드디어 기다리던 필름 공장이 완공됐다. 시운전 결과 그토록 갈망하던 필름이 쏟아져 나오기 시작하자 직원들의 환호성이 터져 나왔다. 이때는 우리 앞에 엄청난 시련들이 기다리고 있다는 것을 미처 몰랐다.

소재가 경쟁력이다

간절하면
하늘도 돕는다

여기저기서 곁눈질로 배우고 연구하며 천신만고 끝에 폴리에스터 필름 공장을 완공했다. 그러나 생산은 또 다른 문제였다. 처음 시도하는 것이다 보니 생산 공정이 생각만큼 안정적이지 않았다. 체계적인 정보가 아니라, 여기저기서 얻어 온 정보를 조합한 것이어서 시행착오를 겪을 수밖에 없었다.

물어볼 곳도 없고 배울 곳도 없어, 그야말로 '맨땅에 헤딩'하는 상황이었다. 폴리에스터 필름 사업은 비섬유 신사업으로 당시 삼성그룹 이병철 회장이 무척 관심을 쏟고 있었기 때문에 회사 전체적으로 책임이 막중했다.

생산 공정에서는 특히 필름 끊김 현상 때문에 애를 먹었다.

필름이 곧게 펴진 상태에서 롤러를 타고 계속 나와 롤 형태로 감겨야 하는데, 중간에 툭툭 끊기는 일이 반복되었다. 정말이지 애가 탈 노릇이었다. 이렇게 필름이 끊어지는 것을 '파단(破斷)'이라고 한다. 파단 난 필름은 상품화할 수 없기 때문에 한마디로 '파단과의 전쟁'이었다.

하루는 밤새도록 필름 조건을 잡기 위한 테스트를 하고 파단 난 필름들을 부서원들과 함께 치운 뒤 생산 라인을 다시 가동시켜 놓고 나니 아침 6시가 다 되었다. 잠시 사무실에 들렀다가 세수하려고 나가는데, 공장 안으로 노인 한 분과 한 여성이 함께 들어왔다.

"누가 저렇게 사복을 입고……."

미처 그 말이 끝나기도 전에 이병철 회장이라는 것을 알아차렸다. 순간 밤새워 일해 헛것이 보이나 싶었다. 갑자기 머릿속이 하얘졌다.

이병철 회장에게 재빨리 다가가서 제막과장이라고 인사한 뒤 최대한 차분하게 브리핑했다.

"담당 이영관 차장입니다. 이것은 폴리머를 두껍게 해서 냉각시키는 공정으로……."

이 회장은 내 설명에 귀를 기울여 듣고는 가끔 고개를 끄덕이

소재가 경쟁력이다

기도 했다. 다행히 브리핑하는 동안에는 필름이 한 번도 끊기지 않고 부드럽게 롤에 감겼다. 브리핑하면서도 언제 필름이 끊길지 몰라 조마조마해 신경이 곤두서 있었다.

이 회장이 공장에 들어왔다가 나갈 때까지 20여 분이 마치 20년처럼 길게 느껴졌다. 시험 생산할 때는 보통 20분 정도 지난 뒤 파단 나는 경우가 많았기 때문에 언제 파단이 날지 모르는 상황이었다.

공정을 자신 있게 상세히 브리핑했는데, 필름이 파단 난다면 어떻게 될지 상상조차 하기 싫었다. 마음이 초조해 브리핑하는 말의 속도가 점점 빨라졌다.

만약 필름이 파단 나면 위에서부터 줄줄이 문책당하지 않을까 하는 불안감이 엄습했다. 물론 내가 현장 책임자이니 내 책임이 가장 컸다. 그런데 다행스럽게도 이 회장이 현장을 시찰하는 동안에는 폴리에스터 필름 기계들이 언제 그랬냐는 듯이 원활하게 가동됐다.

"수고했다."

이 회장은 현장 실무자들을 격려한 뒤 뒤늦게 소식을 듣고 달려온 공장장의 안내를 받아 다른 곳으로 이동했다. 공장을 나서는 이 회장의 얼굴에서 흡족해하는 표정을 읽을 수 있었다.

주도하는 삶을 살라

이병철 회장에게 받은 영광스러운 상

이 회장이 공장에서 나가고 1분 정도 지났을 때 잘 감기던 필름이 갑자기 파단 나기 시작했다. 하지만 그 순간만큼은 파단 난 필름이 고마웠다. 회장 앞에서 잘 버텨 주었기 때문이다. 나의 간절한 마음이 기계에 전해졌는지도 모르겠다.

혹시 회장이 다시 공장으로 돌아올까 봐 모든 직원이 달려들어 파단 난 필름을 순식간에 치웠다.

나중에 알게 된 사실이지만, 이병철 회장과 동행했던 여성은 신세계 이명희 회장이었다. 아마도 지방 순시를 오셨다가 제일합섬이 필름 공장을 새로 지었다고 하니 잠깐 들르신 모양이었다.

그리고 그해 1985년에 나는 폴리에스터 필름 기술 개발 공로를 인정받아 삼성그룹 기술상 금상을 받았다. 이병철 회장이 직접 상을 수여했다. 그 자리에 서니 필름 공장에서 브리핑하던 때가 떠올랐다. 필름이 끊어질까 봐 조마조마했던 생각과 함께 강렬한 희열이 몰려와 가슴이 뭉클했다.

소재가 경쟁력이다

우리도 '애국' 한번
해봅시다

일본 연수를 중단하고 귀국하다

폴리에스터 필름 공장은 가동을 시작하고 6개월 정도 지나자 점차 안정화 단계에 접어들었다. 품질은 다소 미흡했지만, 생산한 필름을 당시 거래처였던 새한미디어에 공급했다.

새한미디어에서는 오디오 및 비디오테이프를 만들기 위한 원단 필름을 전량 수입해 왔는데, 수입 가격이 꽤 비싼 편이었기 때문에 아쉬운 대로 우리 제품을 사용해 주었다.

2~3시간에 한 번꼴로 파단이 발생했으나 그 정도는 현장에서 충분히 감당할 만했다.

조금씩 숨을 돌리던 1987년, 일본 도레이에서 과장·부장 연수 프로그램에 합작사인 제일합섬의 간부 2명이 참가했으면 좋겠다는 연락이 왔다.

그래서 구미공장에서는 내가, 경산공장에서는 차장 한 명이 4주간 일정으로 도쿄 인근 미시마에 있는 도레이 연수원으로 떠났다.

그동안 일본에 하루 이틀 짧게 출장을 다녀온 적은 몇 번 있지만 4주간이나 머문 적은 없었다. 우리보다 기술력이 뛰어난 도레이 사람들과 함께 교육받고 토론하며 네트워크를 쌓을 수 있는 너무나 좋은 기회였다.

빡빡한 일정이었지만 설레는 마음으로 교육에 임했다. 연수 시작 후 첫 주말에는 후지산 등반이 예정되어 있어 엄청 기대하며 주말이 오기만을 기다렸다.

그런데 교육을 시작한 지 1주일도 안 되었을 때 회사에서 연락이 왔다.

"교육을 중단하고 당장 회사로 복귀하세요."

어처구니없는 상황이었다. 이유도 말해 주지 않고 다짜고짜 복귀하라니, 답답할 뿐이었다.

"이곳 교육 프로그램이 4인 1조로 진행되기 때문에 빠지기 어렵습니다."

난감한 상황이어서 이런저런 핑계를 대보았지만 소용없었다.

소재가 경쟁력이다

"가족에게 피치 못할 문제가 생겼다고 둘러대고 빨리 들어오세요."

멀쩡한 아버지를 팔아 가며 억지 변명을 하는 것도 께름칙하고 함께 교육받는 동료들에게도 미안했지만, 회사의 지시를 거역할 수 없었다.

어쩔 수 없이 교육을 중단하고 축 처진 어깨로 회사에 복귀했다. 돌아와서 상황을 확인해 보니 내가 연수 간 사이 부장도 잠시 일본으로 출장을 갔는데 필름 부서 간부가 한꺼번에 자리를 비우면 어떡하냐며 사장이 노발대발했다는 것이었다.

사전에 보고된 사항이었으나 그 당시 거래처에서 필름에 대한 컴플레인과 클레임이 계속 들어와 경영진 입장에서는 신규 사업을 하루빨리 안정화시켜 주길 바랐던 것이다. 나는 곧바로 현장에 복귀해 필름의 품질과 공정 개선에 매달렸다.

옷 벗을 각오로 던진 '폭탄선언'

밤새워 힘들게 제품을 생산하며 공정을 안정시키랴, 품질을 개선하랴 정신없는 나날을 보냈다. 그러던 어느 날 전사

주도하는 삶을 살라

전략회의에서 내가 필름 사업에 대해 발표할 일이 생겼다. 보통 전략회의는 부장들이 관련 사업에 대해 발표하는 자리인데, 신규 사업인 데다 현장 상황을 내가 제일 잘 알고 있어 참석한 것이었다.

나는 브리핑 차트를 만들어 전 임원과 간부에게 필름 사업의 현재 상황과 앞으로 우리가 해야 할 일들에 대해 보고했다.

하지만 사장은 내 보고가 채 끝나기도 전에 품질 문제를 갖고 공개적으로 야단치기 시작했다.

"아직도 제품 수준이 그것밖에 안 됩니까?"

"지금까지 손실이 얼마나 발생했는지 알아요?"

"도대체 왜 생산이 빨리 안정화되지 않는 겁니까?"

모두들 집에도 못 가고 밤늦게까지 품질 개선을 위해 노력하는데, 많은 간부 앞에서 꾸중을 들으니 기술자로서 자존심이 상했다.

사장의 말이 끝나고 내가 대답할 차례였다. 책임을 물었으니 그에 대한 답을 내놓아야 했다. 나는 브리핑하던 지시봉을 내려놓고 대답했다.

"내년 전략회의 때까지 이 문제를 해결하지 못하면 옷을 벗겠습니다. 다시는 이 자리에 서지 않겠습니다."

소재가 경쟁력이다

죄송하고 열심히 하겠다는 대답이 나오리라 생각하고 있던 경영진에게 비장한 목소리로 '폭탄선언'을 한 것이었다. 갑자기 회의장 분위기가 숙연해졌다. 그 누구도 추가 질문을 하지 않았다. 이야기를 덧붙이는 사람도 없었다. 나는 연단에서 내려와 곧바로 회의장을 나와 버렸다.

기술자는 애국자

그길로 공장에 돌아와 제막과 직원들을 불러 모았다. 방금 사장에게서 들은 이야기와 경영진 앞에서 수모를 겪은 상황을 설명한 뒤 선언했다.

"이 문제를 완전히 해결하기 전까지는 퇴근하지 않겠습니다. 이 필름 기술을 발전시키고 품질 수준을 끌어올려 필름 원단 수입을 대체할 수 있는 국산화에 인생을 걸겠습니다. 우리가 수입하는 비디오 및 오디오용 원단 필름이 연간 약 4,500만 달러입니다. 이 돈을 아낄 수 있도록 전력을 다하겠습니다. 여러분 모두 기술자 아닙니까? 기술자의 할 일이 뭡니까? 회사를 위해 노력하라고 말씀드리진 않겠습니다. 대신 나라를 위해 우리 제대로 해보지 않겠습니까? 이왕에 고생하는 것, 제대로 만들어 애국 한 번 해봅시다!"

결의에 찬 나의 다짐에 고맙게도 직원들 모두 동의해 주었다. 그날부터 나는 공장에서 먹고 자면서 문제점을 해결하는 데 몰두했다.

이때 현장에서 함께 뒹굴며 노력해 준 사람들을 평생 잊지 못한다. 지금 어느 자리에 있든 그들 모두가 우리나라를 위해 몸바친 진정한 애국자라고 당당히 말할 수 있다.

소재가 경쟁력이다

나는 폴리에스터 필름 기술 개발 공로를
인정받아 삼성그룹 기술상 금상을 받았다.
이병철 회장이 직접 상을 수여했다.
그 자리에 서니 필름 공장에서 브리핑하던 때가
떠올랐다. 필름이 끊어질까 봐
조마조마했던 생각과 함께 강렬한 희열이 몰려와
가슴이 뭉클했다.

미치지 않으면
이루지 못한다

젊은 시절을 함께 보낸 사람 중에는 현장 사람뿐 아니라 외부 사람도 있었다. 운명적으로 만난 마루오칼슘주식회사 M 차장도 그중 한 사람이다.

당시 새한미디어에서 들어오는 컴플레인 중 필름 원단 때문에 테이프 생산 공정에서 필름을 감는 캘린더 롤(calender roll)이 손상된다는 것이 많았다. 우리는 그 문제가 왜 발생하는지 논의했지만 완전한 해결책을 찾기 어려웠다.

나는 필름 표면이 너무 평평해서 롤과 필름 사이 마찰로 백분(白粉)이 생기고, 그로 인해 주행성이 떨어지기 때문이라고 판단해, 이를 보완하기 위해 필름에 적당한 입자를 넣어 주행성을 개선해야 한다고 주장했다. 하지만 다른 편에서는 입자를 넣으면 그 입자가 깨져 백분이 발생해 수율을 떨어뜨릴 수 있다며 반대했다.

오랜 토론 끝에 내 의견대로 필름에 입자를 넣어 필름 표면에 돌기를 만들어 마찰을 줄인 다음 새한미디어에 보내 테스트하도록 했다. 그 결과 다행히도 문제가 많이 개선되었다. 하지만 입자로 사용하는 탄산칼슘 입자가 균일하지 않아 필름 표면의 품질이 떨어졌다. 새로운 입자를 찾아야만 했다.

그러던 중 마루오칼슘의 M 차장과 기술 미팅을 하면서 새로운 사실을 알게 되었다. 지금까지 우리는 천연으로 채굴한 입자를 갈아서 써왔기 때문에 입자 크기가 달랐는데, 마루오칼슘에서는 인공 칼슘을 사용해 입자 크기가 균일하다는 것이었다.

나는 M 차장과 인공 칼슘 입자로 표면이 균일한 필름을 만들기 위해 수십 번 테스트했다. 입자 크기를 조금씩 변경하며 새로운 필름을 만들어 그 결과물을 거래처에 보내 평가받았다.

거의 2주에 한 번꼴로 테스트 결과를 갖고 거래처에 가서 개선 내용을 설명한 뒤 평가를 부탁하고 이전 결과물의 평가를 피드백받곤 했다.

주도하는 삶을 살라

이런 과정을 50여 차례 반복한 결과, 마침내 새한미디어 측에서 만족할 만한 수준의 필름을 생산하게 되었다.

그 결과를 바탕으로 새한미디어는 물론 국내 오디오 및 비디오 필름 4개 사에 모두 우리 제품을 공급하게 되었다. 또한 당초 내가 직원들에게 선언한 '비디오 원단 필름 국산화'도 실현했다. 특히 완제품을 만들면서 자체 원단 필름도 함께 만들던 일부 회사까지 더 이상 자체 공장을 가동하지 않고 우리 제품을 구입할 정도였다. 1년 정도 지나자 기업들이 그동안 수입하던 필름 원단 대부분을 우리 제품으로 대체했다.

내친김에 국내 시장을 넘어 세계 1등을 해보자는 마음으로 직원들과 다시 의기투합했다. 계속해서 품질 개선에 매달린 끝에 일본의 소니, 마츠시타 등 세계적인 비디오 필름 회사에 우리 필름을 수출하게 되었다. 필름 생산 라인도 4개로 늘렸다.

지금은 12개 라인을 갖추고, 단일 공장으로는 넘볼 수 없는 압도적 기술을 보유한 필름 공장을 구미에 구축하고 있다. 맨바닥에서 시작한 필름 사업이 이제는 세계 무대에서 손꼽히는 브랜드로 성장했다.

소재가 경쟁력이다

내 인생의 행복한 '블랙아웃'

"88 서울 올림픽이 성공적으로 폐막했습니다."

어느 날 밥을 먹다가 TV에서 흘러나오는 뉴스를 들으며 나도 모르게 혼잣말로 중얼거렸다.

"아니, 벌써 올림픽이 끝났다고?"

몇 년간 필름 생산에 매달리다가 정신을 차려 보니 세상이 바뀌어 있었다. 단군 이래 최대 국제 행사라며 온 나라가 떠들썩한 국가적 이벤트인데, 나는 서울 올림픽에 어떤 선수가 출전했고 누가 금메달을 땄으며, 어느 나라가 1위를 했는지 전혀 알지 못했다.

돌이켜보면, 1984년부터 1990년까지 6년은 내 인생에서 블랙아웃과도 같은 시간이었다. 당시 무슨 음악이 유행했고, 사회적으로 어떤 이슈가 있었는지, 그리고 미안하게도 우리 아이들이 어떻게 자랐는지 기억이 거의 없다.

내 머릿속에는 오직 필름뿐이었다. 한마디로 필름에 미쳐 있었다. '미치지 않으면 이루지 못한다(不狂不及)'는 말이 있듯이, 내가 꼭 그랬다. 필름에 완전히 미쳐 있었다. 그랬기 때문에 그 미지의 세계에 도달할 수 있었는지도 모른다.

주도하는 삶을 살라

필름 사업을 일군 경험은 내 인생은 물론 직장생활에도 큰 영향을 미쳤다. 한마음으로 뭉치면 아무리 어려운 일도 이루지 못할 것이 없다는 자신감을 갖게 해주었다.

성공은 성공이고 약속은 약속이다. 어쨌든 1년 전 사장 앞에서 '1년 내 이 문제를 해결하지 못하면 다시는 이 자리에 서지 않겠다'고 했던 약속은 결국 지키지 못했다. 문제를 해결하는 데 1년 반 정도 걸렸기 때문이다.

임무를 완수했으나 약속을 지키고자 사표를 썼다. 후회도 없고 미련도 없었다. 홀가분했다. 하지만 사표는 하루 만에 반려되었다. 그때 나를 나무랐던 사장이 다른 회사로 옮겼기 때문에 사표를 낼 이유가 없다며 공장장이 사표를 돌려주었다.

지금도 내 머릿속에는 필름 공장의 구조와 공정 과정이 고스란히 남아 있다. 젊은 시절 노력해서 이룬 결과도 자랑스럽지만, 그보다 나를 더 벅차게 만드는 것은 함께 고생한 동료들이다. 그 동료들이 정년이 되어 회사를 떠날 때마다 그 시절의 추억을 떠올리며 많은 정담을 나눈다. 그들의 헌신이 없었다면 지금의 필름 기술이 존재할 수 없다고 단언한다.

구성원들의
마음을 얻는 일

이름은 가슴으로 외운다

도레이첨단소재 사장 시절, 사장실 한쪽 벽면에 직원들의 사진과 이름이 적힌 조직도를 붙여 두었다. 가끔 그것을 들여다보면서 최근에 대화가 소홀했다 싶은 직원을 불러 이야기를 나누곤 했다.

현장의 힘은 현장에서 일하는 구성원들에게서 나온다. 오늘의 모습은 직원 한 사람 한 사람의 힘이 모인 결과다. 한두 사람의 경영자나 현장 관리자의 힘만으로는 결코 이룰 수 없다. 경영자의 능력은 결국 함께하는 구성원들로부터 발휘된다.

지금은 직원이 2,400명이 넘기 때문에 직원들의 이름을 모두 외우지 못하지만, 850명 정도 될 때까지는 이름을 다 외웠다.

주도하는 삶을 살라

일부러 외우지 않더라도 일터에서 자주 마주치고 공장 사택에서 함께 생활하다 보니 자연스럽게 외워졌다. 대부분의 직원이 자녀와 함께 사택 생활을 했다. 오가며 워낙 자주 만나고 관심을 가지고 이야기를 나누다 보니 고향과 가족관계는 물론 가족의 이름과 아이가 몇 학년인지까지 자연스레 알게 됐다.

직원들과 현장에서 직접 부딪치고 야단도 치고 상도 주면서 한 식구가 되어 갔다. 사람들이 어떻게 그 많은 사람의 이름을 외우냐고 묻는다. 이름은 머리로 외우는 것이 아니고 가슴으로 새기는 것이다. 관심과 사랑이 없으면 절대로 외워지지 않는다.

공장을 방문하면 마주치는 직원의 이름을 무조건 불러 본다. 그런데 가끔은 머릿속에서 엉뚱한 이름이 튀어나오곤 한다. 내가 이름을 정확히 외운다는 것을 알고 있는 직원들은 바쁘다 보니 헷갈린 거라며 너그럽게 넘어가 준다.

내가 상대의 이름을 기억하고 부르는 것, 또 상대가 나를 기억하고 이름을 불러 주는 것은 서로 존중하고 서로의 가치를 인정한다는 의미다.

나에게는 직원 한 사람 한 사람이 모두 소중하다. 지금은 전 직원의 이름을 모두 외우지 못해 미안할 따름이다.

나는 지금도 아버지가 남긴 인화(人和)의 교훈을 잊지 않으려

소재가 경쟁력이다

노력한다. 또한 함께하는 이들에게도 스스로 다스리고 남을 배려하며 귀하게 여겨야 한다고 강조한다. 그것이 회사라는 조직 안에서 모두가 조화롭게 살아가는 비법이다.

현장 직원들과 워낙 가깝게 지내다 보니 웬만하면 직원들의 경조사에도 빠지지 않으려고 한다. 특히 직원의 부모님이 돌아가신 경우에는 아무리 바빠도 직접 조문을 가려고 애쓴다. 업무가 바쁘면 밤늦게라도 꼭 들른다. 내가 해외 출장 중이거나 급한 일 때문에 가지 못할 때는 아내가 대신 가기도 한다. 회사 밖에서도 늘 가족처럼 지내기 때문에 아내도 직원들을 잘 알아 어색하지 않다.

한 달에 장례식을 열 번 넘게 간 적도 있고, 하루에 네 곳이나 간 적도 있다. 직원 모두가 정말 동생 같고 가족 같기 때문이다.

마음을 주고받는 SNS 소통

나는 직원들로부터 이메일을 받거나 스마트폰으로 문자를 받으면 꼭 답장을 해준다. 직원들 생일이나 기념일에 알림이 뜨면 짧게라도 한마디 전한다. 20분 정도 걸리는 아침 출근길에 주로 이런 일을 한다. 젊은 사람들처럼 빠르게 입력할 수 없어 짧게 몇 마디에 그치지만 내 마음이 전달될 거라고 믿는다.

현장에서 부딪치던 과거 소통 방식과 너무 달라 처음에는 어색했으나 점차 익숙해지고 있다. 눈에 보이지 않아도 마음이 연결된다는 느낌을 받는다. 이런 SNS 도구들을 잘 활용하면 직접 얼굴을 대하는 것 못지 않은 소통이 이루어질 수 있겠다는 생각도 든다.

현재 회사 임직원들이 함께하는 여러 단체 대화방에 속해 있는데, 회사 이야기를 허심탄회하게 나눌 수 있어 즐겨 사용한다. 특히 오래전부터 속해 있던 한 커뮤니티는 정년퇴직한 직원이 하나둘 늘어나다가 지금은 현역에 있는 사람보다 회사 밖에 있는 사람이 더 많아졌다. 이 공간에서는 회사 이야기뿐만 아니라 오랜 세월 함께해 온 추억도 나눈다.

현장에서 베테랑 기술자가 되려면 오랜 시간이 걸린다. 그런데 20대에 들어와 30년 이상 일한 전문 인력이 여전히 활활 타오를 수 있음에도 정년이 되어 회사를 떠날 때면 너무나 아쉽다.

어느 날 좋은 생각이 떠올라 단체 대화방에서 즉각 제안했다.

"팀을 하나 만들어 봅시다."

우리 회사에는 생산 라인이 많다 보니 수시로 기계를 세워 손

보고 청소하는 오버홀(overhaul) 작업을 한다. 오버홀에 들어가면 보름 정도 기계를 세워 놓고 정비 작업을 하는데, 오버홀을 위해 기계를 세우는 것은 물론 수리나 정비 작업, 수리를 마치고 새롭게 재가동하는 작업 등이 모두 고난도라서 매우 전문적인 능력이 필요하다.

오버홀 기간에는 우리 직원뿐만 아니라 외주 작업자도 많이 들어와서 일하는데, 그 작업을 은퇴한 베테랑 기술자가 맡아서 하면 좋겠다는 생각이었다.

단체 대화방에서 툭 던졌는데 반응이 좋아 곧바로 실행에 옮겼다. 은퇴한 선배들이 오버홀 기간에 도와주려고 현장에 투입되자 후배들도 굉장히 좋아했다. 어떤 외주 인력보다 믿을 수 있어 안전도 보장되고 작업 환경뿐 아니라 업무 효율성까지 높아졌다.

코로나와 싸워 준 퇴직 '예비군들'

이렇게 해서 다시 모인 베테랑들은 지난 3년간 코로나 시국에 특히 큰 역할을 했다. 코로나에 걸리거나 밀접 접촉자가

주도하는 삶을 살라

되더라도 현장 작업자들은 일을 해야 하기 때문에 재택근무가 불가능하다.

그런 상황에 대비하기 위해 4조 3교대로 교대 팀을 만들어 비상사태가 발생하면 3조 3교대로 전환했는데, 추가로 코로나 환자가 발생할 경우에는 공장 가동에 큰 어려움을 겪을 수밖에 없었다.

이런 위기 상황에서 은퇴한 선배들이 해결사 역할을 해주었다. 퇴직한 선배들이 구원투수로 나서 주니 후배들도 좋아하고, 정년을 앞둔 고참 직원들에게도 큰 자극이 되었다. 은퇴 후에도 새로운 역할을 할 수 있다는 생각에 기운이 샘솟는 듯했다.

소재가 경쟁력이다

화학섬유 산업의 역사를 새로 쓰다

삼성그룹은 1972년 제일모직의 경산공장을 독립시켜 일본 도레이 및 미쓰이물산과 합작투자해 제일합섬을 설립했다. 제일합섬은 한국 내 화학섬유 사업 중 폴리에스터 원면, 원사, 직물 사업을 전개해 왔다. 또한 스펀본드, 스판덱스 사업도 추진했다. 1980년대 중반 비섬유 분야로 영역을 확대하면서 폴리에스터 필름 사업을 성공적으로 전개했다. 또한 수처리 필터, IT 가공 필름 사업에서도 독보적인 기술력을 보여 주었다. 이후 삼성그룹은 각 기업이 전문적이고 독자적으로 경쟁력을 키울 수 있도록 계열 분리를 단행했다.

계열 분리 방침에 따라 1995년에 분리된 제일합섬은 이후 새한그룹에 편입되어 1997년 2월 사명을 (주)새한으로 바꾸었다. 새한그룹은 삼성그룹 창업주 이병철 회장의 차남 이창희 회장이 1967년 삼성그룹을 떠나 설립한 새한미디어를 모태로 1973년에 출범했다.

분리 당시 흑자를 누리고 있었기 때문에 새한은 새 출발과 함께 대대적인 설비투자를 했다. 하지만 1997년 겨울, 우리나라에 외환위기가 터지며 새한그룹은 주력 사업체인 (주)새한을 매각하기로 결정했다. 따라서 그동안 오랜 사업 동반자 관계였던 합작사 도레이에 가장 먼저 의사를 타진하며 본격적인 합작 회사 설립에 돌입했다.

오랜 파트너 도레이와 새 출발

두 회사의 지분율은 도레이 60퍼센트, 새한 40퍼센트로 확정되었고 자본금은 3,000억 원이었다. 1998년 김대중 대통령과 일본 오부치 게이조 총리가 '21세기 한일파트너십 공동선언'을 발표하자 양국간 투자 교류 협력의 일환으로 조성된 한일경제협력기금 중 5억 달러를 이 합작 법인에 투자하기로 했다. 당시 우리나라 외자 투자 역사상 화학섬유 업계 최고액이었다.

1999년 12월 도레이새한이 출범했다. 이후 도레이새한은 창립 10주년을 맞아 더 도약하기 위해 2010년에 회사명을 도레이첨단소재로 바꿔 오늘에 이르고 있다.

도레이에 사업 일부를 매각한 새한은 이후 워크아웃에 들어갔고, 2008년 나머지 사업 부문(섬유, 필터 사업 등)을 웅진그룹에 매각해 사명이 웅진케미칼로 바뀌었다. 그러나 이후 웅진그룹의 경영악화로 웅진케미칼이 다시 매물로 나오자 2014년 도레이첨단소재가 웅진케미칼을 인수하고 2019년에 흡수·합병을 진행했다.

만남과 헤어짐을 반복한 끝에 도레이첨단소재는 제일합섬의 옛 영광을 넘어 한국 소재 산업의 새 장을 연다는 사명감으로 충만했다. 개인적으로는 첫 직장생활을 시작한 제일합섬 구미공장을 1999년에 분리된 후 15년 만에 다시 만나 도레이첨단소재로 한 회사, 한 가족이 된 역사적 의미를 지녔다. 또한 앞으로 그려 나갈 도레이첨단소재의 미래에 대한 책임감이 막중하게 느껴졌다.

Chapter 2

소재가
세상을 바꾼다

누구나 도레이 소재
하나쯤 사용하고 있다

일상, 없는 곳이 없다

"도레이첨단소재가 뭘 만드는 회사죠?"

다른 분야 사람들을 만날 때면 종종 듣는 질문이다. B2B 소재 기업이다 보니 일반 소비자나 다른 분야에서 일하는 사람들은 우리 회사가 생산하는 제품이나 사업 분야에 대해 잘 모른다.

회사 이름을 처음 들어 본다는 사람도 있고, 회사 이름을 말해 줘도 무슨 사업을 하는지 짐작하기 어렵다는 사람도 많다. 대부분 자신과 전혀 관계없는 회사라고 생각하는 듯하다.

하지만 도레이첨단소재는 그 어떤 기업보다 우리 일상생활과 밀접한 관계를 맺고 있다. 매일 입는 옷, 마시는 물, 보고 즐기는 휴대전화, 컴퓨터와 TV, 그리고 자동차에서부터 비행기에 이르

소재가 세상을 바꾼다

기까지 관련 없는 곳이 없다.

우리의 하루 일과를 따라가며 한번 살펴보자.

아침에 침대에서 일어나 불을 켜고 커튼을 걷는다. 침대에도, 방 안의 벽지와 불에 타지 않는 난연성 소재 커튼에도, 출근하려고 갈아입는 옷에도 도레이첨단소재가 생산한 원사가 사용된다.

출근하기 위해 자동차에 올라타면 가장 먼저 몸과 접촉하는 카시트와 자동차 내부 천장에도 원면과 부직포 소재가 사용된다. 자동차 차체와 부품 그리고 연료 탱크에는 탄소섬유가 사용된다. 다양한 정보를 안내하는 앞 유리의 디스플레이에는 필름이 들어가고, 운전대 앞의 계기판과 에어컨 통풍구에는 고내열성 수지 소재가 사용된다.

하루 종일 손에서 놓지 않는 휴대전화를 비롯해 노트북 컴퓨터, 태블릿PC 등 디지털 기기에도 고차 가공 기술을 활용한 도레이첨단소재의 필름과 IT 소재 제품들이 들어가 있다.

정수기에서 물 한 잔 받아 마시는 순간에도 도레이첨단소재 제품과 만난다. 바로 깨끗한 물을 걸러 내는 정수기 내부의 수처리 필터를 도레이첨단소재에서 생산한다.

퇴근 후 집에 돌아와 아이와 즐거운 시간을 보내다가 아이의 기저귀를 갈아 준다. 기저귀 소재로 활용되는 스펀본드 부직포

소재가 경쟁력이다

역시 도레이첨단소재의 주력 제품 중 하나다.

하루를 마무리한 뒤 침대에 온몸을 쭉 펴고 누워 베개를 끌어당긴다. 매트리스 커버와 베개 커버에도 경량성과 보온성이 뛰어난 도레이첨단소재의 기능성 원면이 사용된다.

이처럼 일상생활에서 필수적인 제품뿐만 아니라 비행기에 사용되는 가볍고 강도 높은 탄소섬유까지 도레이첨단소재의 사업 영역은 무한하다.

'소·부·장' 산업의 핵심

도레이첨단소재는 화학섬유 기업으로 출발했다. 우리가 흔히 말하는 폴리에스터 소재 의류를 만드는 원면과 원사를 생산한다. 이후 비섬유 부문으로 사업을 확대해 필름과 IT 소재, 나아가 슈퍼 엔지니어링 플라스틱, 수처리 필터, 그리고 탄소섬유에 이르기까지 다양한 소재로 그 영역을 넓혀 왔다.

겉으로 잘 드러나지 않는 '소재' 회사이기 때문에 사람들이 잘 모를 뿐, 우리는 하루 24시간 중 많은 시간을 도레이첨단소재 제품들과 함께하고 있다.

소재가 세상을 바꾼다

소재 산업은 이렇듯 우리 일상생활과 매우 가까이 있는 소비 재뿐 아니라 첨단 제품에서도 매우 중요한 역할을 한다.

근래 언론에 자주 등장한 용어 중 하나가 '소·부·장'이다. '소재, 부품, 장비 산업'은 선진 산업국으로 가는 데 가장 중요한 필수 요소다. '소·부·장'의 기술력이 결국 그 나라의 제조업 경쟁력을 결정하기 때문이다. 도레이첨단소재는 바로 국내 '소·부·장' 산업 중 가장 핵심적인 소재를 공급한다.

소재가 경쟁력이다

부가가치를
'코팅'하다

'원단'만으로는 돈 벌기 어려운 세상

"요즘 TV에는 여러 종류의 필름이 많이 들어갑니다."

회사 출범 직후인 2000년대 초반, TV 시장에 큰 변화가 일기 시작했다. 그전까지는 TV라고 하면 당연하게 여겼던 뚱뚱한 브라운관이 사라지고 PDP, LCD 등의 평면형 TV가 등장했다.

소재 기업을 경영하다 보면 상품을 볼 때도 어떤 소재로 만들었는지, 안에 어떤 원료나 성분의 물질이 들어가는지 늘 궁금해하는 일종의 직업병이 발동한다. 브라운관이 사라진 대신 두께가 얇아진 평면형 TV에 필름이 많이 들어간다는 이야기를 듣고, 좀 더 자세히 알아보기 위해 국내 대표적인 TV 제조 회사의 L 사장을 만났다. 그에게 필름 이야기를 꺼냈더니 반색했다.

"필름 좀 생산해 주십시오. 요즘 필름이 없어서 TV를 못 만들 정도입니다."

귀가 쫑긋했다. 제막과장을 맡아 필름 공장을 짓고 처음으로 폴리에스터 필름을 생산해 본 20년간의 경험이 있어 필름이라면 자신 있었다.

"어디 한번 봅시다. 어떤 필름이 필요한가요?"

L 사장은 TV에 들어가는 10여 가지 필름을 보여 주었다. 그런데 자세히 살펴보니 그동안 우리가 만들어 온 필름과 기본적으로 차이가 있었다.

우리는 특별한 가공을 하지 않은 베이스 필름을 생산하는데, 평면 TV를 비롯한 디스플레이 기기에 들어가는 것들은 베이스 필름에 코팅 기법으로 각종 기능을 추가한 고차 가공 필름이었다.

생산 공정만 보면 베이스 필름 원단에 점착하거나 아주 간단한 코팅 공정을 추가한 정도인데, 가격이 베이스 필름보다 7~8배나 비쌌다.

원단 필름만 팔아서는 앞으로 돈 벌기 쉽지 않겠다는 생각에 정신이 번쩍 들었다. 지금처럼 베이스 필름만 만들면 부가가치도 없고 경쟁력도 없겠다는 생각과 함께 미래에 대한 무거운 책

소재가 경쟁력이다

임감이 몰려왔다.

그때까지 필름 사업은 그런대로 순항하고 있었다. 나는 필름 생산 분야에서 잔뼈가 굵은 전문가였고, 우리 회사의 필름 기술력은 타의 추종을 불허할 정도로 뛰어났다. 그런데 우리는 그 기술력으로 부가가치를 올리지 못하는 베이스 필름만 만들고 있었으니, 우물 안 개구리나 다름없었다.

변화하는 세상에서 성공하려면 고부가가치를 추구하고 매력적인 성장 시장에 뛰어들 신제품, 신기술 개발이 필요했다.

기술 개발, 문제는 '타이밍'

베이스 필름에 뭔가 코팅하려면 별도의 생산 설비와 가공 필름 기술이 필요했다. 물론 코팅 경험이 전혀 없는 것은 아니었다. 새한 시절, 가공 필름 사업을 한 경험이 있었다.

그러나 도레이새한으로 분리될 때 새한이 가공 필름 분야를 매각하지 않아 가공 필름 생산 설비와 인력 모두 새한에 남아 있었다. 그때까지 새한 측은 가공 필름 사업에서 한 번도 흑자를 내지 못하며 고전하고 있었다.

　　　　　　　　　　　　　소재가 세상을 바꾼다

필름 제조 기술이 있으니 당장 가공 필름 개발에 뛰어들 수도 있지만, 문제는 '타이밍'이었다. 이미 이 시장에서 후발주자인 우리가 뒤늦게 기술 개발에 뛰어든다면 개발이 언제 이루어질지 기약할 수도 없고, 그사이 시장을 완전히 빼앗길 수도 있었다. 가장 빠르고 효과적인 한 가지 방법은 새한의 가공 필름 사업을 인수하는 것이었다.

당장 워크아웃 상태인 새한으로부터 가공 필름 사업을 인수하기 위한 프로젝트팀을 만들었다. 하지만 사업의 가치에 대한 견해가 서로 다르다 보니 결론이 나지 않았다. 1년여에 걸친 인수 협상 줄다리기 끝에 2002년 2월, 마침내 새한의 가공 필름 사업을 인수하는 데 성공했다. 차세대 전략 사업에 집중해 IT소재 전문 업체로 발돋움할 수 있는 전기를 마련한 셈이었다.

새로운 도전에는 반대가 뒤따른다

어렵게 인수 협상을 성사시켰는데 일본 도레이 본사에서 필름 코팅 사업 인수 자체를 반대하고 나섰다.

"우리는 베이스 필름을 만드는 회사이지 필름 가공 회사가 아님

소재가 경쟁력이다

니다.”

도레이는 기본적으로 베이스 필름을 만들어 필름 가공 회사에 공급해 왔다. 그러면 그 거래선에서 베이스 필름에 코팅을 하거나 가공해서 완제품 업체에 납품하는 운영 방식이었다. 따라서 도레이는 가공 필름 생산이 거래선 영역을 침범하는 일이라고 여겼다.

하지만 필름 가공 분야는 폭발적 성장이 기대되는 시장이었다. 도레이의 거래선인 L사가 도레이로부터 받은 필름을 가공해 한국 전자 회사들에 판매하고 있었는데, 늘어나는 수요를 감당하지 못해 공급 부족 상황이었다. 오죽하면 내가 만난 굴지의 전자 회사 사장이 필름이 없어 TV를 못 만든다고 하소연했겠는가.

거래선인 일본 L사까지 찾아가서 그들이 감당하지 못하는 물량만 생산하겠다고 약속했으나 전혀 받아들여지지 않았다. 섣부르게 추진했다간 비즈니스가 성사되지 않을 것 같아 일단 한 발짝 물러나 때를 기다렸다.

그런데 상황이 급변했다. 얼마 지나지 않아 가공 필름 시장이 2배로 커졌다. 결국 L사가 제품을 제대로 공급하지 못해 가공 필름 가격이 치솟았고, 필름을 공급받아야 하는 전자 회사의 클레임이 이어졌다. 소재 부품 공급망 체인이 흔들리면 결국 산업 전반의 생태계가 움직일 수밖에 없었다. 산업의 판이 바뀔 수도 있을 것 같아, 다시 도레이 본사를 찾아갔다.

"거래선 영역을 지켜 주는 것도 중요하지만, 이렇게 급성장하는 사업 영역에 다른 경쟁자가 들어와서 시장을 다 빼앗아 버리면 결국 거래선도 망하지 않겠습니까?"

나는 거래선에 피해를 주지 않는 선에서, 그들이 대응하지 못하는 시장을 보완하는 정도로 시작하면 서로에게 도움이 될 거라며 진지하게 설득했다.

거래선이 소재를 제대로 공급하지 못해 경쟁자에게 시장을 빼앗기면 결국 베이스 필름을 공급하는 도레이도 큰 타격을 입을 것이 뻔했다. 불과 몇 개월 사이 시장 상황이 급변하면서, 도레이 경영진의 생각도 결국 가공 필름 시장에 진출하는 방향으로 바뀌었다.

내 예상대로 가공 필름 시장은 엄청난 속도로 성장했다. 코팅 기계를 1년에 한 대씩 증설할 정도였다.

2000년대 초반 이후 삼성과 LG로 대표되는 한국 전자 회사들은 TV는 물론 스마트폰, 모니터 등 디스플레이 분야에서 전 세계 시장을 휩쓸 정도로 큰 성장을 기록했다. 디지털 기기에 들어가는 다양한 가공 필름은 첨단 ICT의 핵심 소재로 부상했다.

소재가 경쟁력이다

그에 따라 우리 회사도 화학섬유 회사에서 첨단 IT 소재 회사로 한 단계 성장하는 발판을 마련했다.

만약 그때 가공 필름 생산을 포기해 기회를 놓쳤다면 어떻게 됐을까? 여전히 수익성 낮고 부가가치 없는 베이스 필름만 고집했더라면 시장에서 점점 도태했을 것이다. 현재 도레이첨단소재의 이익 가운데 상당 부분이 이 필름 가공 사업 분야에서 창출되고 있다.

새로운 도전에는 늘 반대가 뒤따르기 마련이다. 그러나 반대한다고 멈춰 버리면 절대로 발전할 수 없다.

CEO는 변화의 흐름을 잘 읽고 미래를 내다보며 기회를 놓치지 않는 선견력이 필요하다. 하지만 더 중요한 것은 그것을 실천하는 과감한 추진력이다.

소재가 세상을 바꾼다

원하는 것을
얻는 법

시장은 생각보다 빠르게 변한다

베이스 필름 사업이 안정화되면서 1984년부터 1989년 사이 거의 매년 필름 생산 라인을 증설할 정도로 회사는 급성장했다. 필름을 생산하는 즉시 팔려 나갈 정도로 호황이었다. 당시 젊은이들은 휴대용 카세트 플레이어로 음악을 듣고, 비디오 플레이어로 영화를 감상했다.

카세트 플레이어와 비디오 플레이어는 집집마다 필수품으로 자리 잡았다. 가수들의 노래가 히트하면 카세트테이프가 수십만, 수백만 개씩 팔려 나갔고, 극장에서 개봉했던 영화를 비디오테이프로 제작해 비디오 가게에 공급하면서 이 시장도 폭발적으로 성장했다.

　　　　　　　　　　소재가 경쟁력이다

베이스 필름을 직접 만들던 오디오 및 비디오테이프 제조 회사들까지 아예 우리에게 필름 원단 공급을 맡기기 시작했다. 직접 만드는 것보다 가격도 싸고 품질도 좋았기 때문이다.

1980년대 후반, 미국 앨라배마주 도선(Dothan)에 있는 S사의 자기 테이프 공장에 테이프용 필름 원단을 팔기 위해 출장을 갔다. 한국에서 애틀랜타까지 비행기를 타고 간 뒤 다시 공장이 있는 도선까지 국내선 비행기로 이동해 이틀 만에 도착했다. 그리고 2시간에 걸친 짧은 회의 끝에 필름 납품 계약을 따냈다.

회의를 마치고 돌아오는 데 또 이틀이 걸렸다. 2시간의 짧은 회의를 위해 무려 나흘에 걸쳐 비행기를 여러 번 갈아타고 먼 길을 날아온 셈이었다. 하지만 품질에 자신 있었기 때문에 그런 고된 여정도 충분히 감수할 만했다. 품질이 우수해 공급 계약이 일사천리로 진행됐다.

이 시장이 앞으로 상당 기간 계속 성장할 거라는 데는 의심의 여지가 없어 보였다. 하지만 우리의 기대와 달리 좋은 시절은 길게 이어지지 않았다. 채 10년도 안 되어 디지털 시대가 본격화되고 CD, DVD가 등장하면서 오디오테이프와 비디오테이프는 완전히 자취를 감추었다.

변화는 예상보다 훨씬 빠르고 강하게 찾아온다. 영원히 잘될 것 같은 사업도 어느 순간 사라질 수 있고, 전혀 생각지 못했던 사업이 급부상하기도 한다.

거절할 수 없는 제안

1990년, 새로운 후물(厚物, thick film) 필름 공장이 완공됐다. 이 공장은 기존 공장들과 기본적인 콘셉트가 조금 달랐다. 그동안 주력해 온 비디오테이프용 필름 대신 공업용, 의료용 필름을 생산할 예정이었다. 제품 다각화 차원에서 새로운 도전에 나선 것이었다.

비디오테이프용 필름은 두께가 12~15마이크로미터로 매우 얇다. 1마이크로미터가 1,000분의 1밀리미터이고, 노트 한 장 두께가 75마이크로미터 정도이니, 노트 한 장 두께의 5분의 1밖에 안 되는 아주 얇은 필름이다.

그에 반해 우리가 새로운 라인에서 생산하려는 필름은 두께가 100~200마이크로미터로, 기존 필름보다 7~8배 두꺼웠다. 두꺼운 필름을 만들면 의료용이나 공업용, 포장용으로 훨씬 많이 활용될 거라고 예상했다.

소재가 경쟁력이다

모든 분야가 그렇지만, 얇게 만드는 것이 더 어렵다고 생각하기 쉽다. 100마이크로미터 두께 필름을 10마이크로미터 필름으로 만드는 것은 어렵지만, 10마이크로미터 필름을 10배 두껍게 생산하는 것은 그다지 어렵지 않을 거라고 생각했다. 그 때문에 특별한 기술 제휴나 새로운 연구 개발 없이 여러 가지 정보를 종합하고 설비를 사들여 공장을 지었다. 그런데 생각과 달리 제품 생산이 만만치 않았다.

2년여 동안이나 씨름했는데도 원하는 결과를 얻지 못했다. 중간에 본사 경영기획실로 자리를 옮겼으나 필름 신규 라인을 정상화시키지 못한 책임감이 머릿속에서 지워지지 않았다. 고민 끝에 기술을 제공받을 만한 회사를 찾아보기로 했다.

'세계에서 이 필름을 가장 잘 만드는 회사가 어딜까?'

다방면으로 알아본 뒤 일본의 F사와 K사에 연락했으나, 당연히 일언지하에 거절당했다. 간신히 일본 종합상사에 다니는 아는 사람을 통해 관계자를 소개받아 도움을 청했다.

"우리가 현재 필름을 생산하고 있는데, 품질이 조금 더 좋은 필름을 만들고 싶습니다. 도와줄 수 있습니까?"

그는 내 말을 귀담아듣는 것 같지도 않았다. 하지만 나도 무작정 찾아간 것은 아니었다. 담당자를 만나기 전에 미리 그 회사를

　　　　　　　　소재가 세상을 바꾼다

면밀하게 파악했다.

그 회사는 생산량이 부족해 거래처에 제품을 제대로 공급하지 못하는 상황이었기 때문에 공장 증설을 고민하고 있었다. 나는 현장에서 잔뼈가 굵었기 때문에 그런 상황에서 무엇이 필요한지 금방 알았다. 그래서 회의 마지막에 슬쩍 한 가지 제안을 했다.

"기술을 제공해 주면 생산된 필름을 원가로 제공하겠습니다. 그리고 우리는 당신들의 주력 시장에는 진입하지 않겠습니다. 우리 공장을 당신들의 제2공장으로 생각해 주십시오."

공장을 새롭게 지으려면 돈이 많이 들고 준비 과정도 길다. 투자 비용에 따라 달라지겠지만, 의사결정 과정도 복잡해 하루아침에 일을 추진할 수도 없다. 그런데 기술을 가르쳐 주면 제품을 원가로 공급해 주겠다니, 그들 입장에서는 돈 한 푼 들이지 않고 공장을 하나 짓는 셈이었다. 게다가 자신들의 영역에는 침범하지 않는 조건이라면 경쟁에 대한 고민도 필요 없었다.

그들이 관심을 보이는 듯하자, 나는 결정적인 한 방을 날렸다.

"필름을 원가로 제공하는 것으로 부족하다면, 우리가 만든 폴리에스터 원료 칩을 싸게 공급하겠습니다."

공짜로 필름 공장을 하나 얻는 효과에 더해 필름 원료까지 싸게 공급받을 수 있는 조건이라면 그들이 싫어할 이유가 없었다.

소재가 경쟁력이다

원료를 싸게 공급받을 경우 제품뿐 아니라 회사 전체의 원가 경쟁력도 크게 향상되기 때문이었다.

나는 한국으로 돌아오자마자 원료 샘플 칩을 종류별로 그 회사에 보냈다. 몇 차례 검토 결과가 오간 뒤, 마침내 오케이 사인을 받았다.

상대방이 필요한 것도 고민하라

오히려 그 후로는 입장이 바뀌어 원료 칩을 얼마나 제공할 수 있는지 물어올 정도였다. 제공할 수 있는 원료 칩 물량은 충분했지만, 최대한 필요한 부분을 조율하면서 적정 물량을 맞춰 나갔다.

협상 결과, 2년 계약으로 정해진 물량의 칩을 공급해 주고 우리는 두꺼운 필름 생산 기술을 지원받기로 했다. 그렇게 해서 난관에 부딪혔던 두꺼운 필름을 생산하게 되었다.

사정해서 기술을 구걸한 것도 아니고, 비싼 돈을 주고 사온 것도 아니다. 원료를 팔아 수익을 남기면서 기술까지 챙긴 셈이니 일거양득이었다. 처음에는 조금 무모해 보였으나 직접 발로 뛰어 만나고 해결책을 찾으려 노력한 결과 원하던 것을 얻을 수 있었다.

이처럼 일이 안 될 때는 책상에 앉아서 고민만 할 것이 아니고 행동으로 실천해야 성과를 창출할 수 있다. 서로에게 필요한 부분이 잘 맞아떨어지면 큰 대가 없이도 훌륭한 협력 방법을 찾을 수 있다.

이때 알게 된 필름 회사 관계자들과는 이후로도 오랫동안 친분을 나누면서 많은 도움을 받았다. 내가 원하는 것만 생각하지 않고 상대방에게 필요한 것도 함께 고민해서 얻어 낸 윈윈 거래였다.

지난 이야기이지만, 그 당시 싸게 원료칩을 공급한다고 했으나 환율이 좋아서 칩 판매에서 커다란 수익을 올렸다.

소재가 경쟁력이다

인건비를 보지 말고
시장을 보라

팔방미인 부직포

우리 회사에서 생산하는 제품 중 일상에서 빼놓을 수 없는 중요한 소재가 있다. 바로 아기 기저귀와 여성 위생용품, 그리고 성인용 기저귀 등에 사용되는 부직포다. 부직포는 이름 그대로 짜지 않은 옷감이라는 뜻이다. 현대인이 발명한 '제3의 직물'이라고 할 수 있다.

회사가 폴리에스터 베이스 필름 성공 이후 직물 사업 구조를 강화하고 부가가치를 높이기 위해 뛰어든 사업이 바로 스펀본드 부직포다. 당시에는 시장 규모가 불투명해 주춤했으나 곧 국민 소득 수준이 향상되면서 농업용, 생활용 수요가 급증해 1989년부터 성공가도를 달렸다. 현재 도레이첨단소재의 스펀본드 부직

소재가 세상을 바꾼다

포는 아시아 1위를 넘어 세계 정상 수준이다.

당시 한국에 단섬유로 만드는 부직포 회사는 있었으나, 대규모 투자와 고도의 기술력이 필요한 장섬유 부직포 회사는 없었다. 그런 상황에서 선발주자로 나선 도레이첨단소재는 지속적으로 기술 개발에 힘쓴 결과 아시아 최초로 보온력, 차단력, 균일도가 우수한 3층, 4층, 5층 구조의 다층(multilayer) 부직포를 연이어 개발했다. 또한 두 가지 원료를 혼합한 바이 컴포넌트 스펀본드 부직포까지 출시함으로써, 국내는 물론 글로벌 고객의 니즈에 맞는 제품군으로 업계를 리드해 나갔다. 세계 최고 스펀본드 부직포 기업이 되자는 열정으로 노력한 결과였다.

나는 부직포 사업부 임직원들의 열정과 미래 성장에 대한 자신감을 믿고 해외 시장에서도 충분히 경쟁력 있다고 확신했다.

우선 중국을 첫 도전 국가로 삼았다. 중국이 급성장하는 것을 지켜보면서 2004년부터 중국에 생산 공장 건설을 검토했지만, 중국 내 경제가 불안정해 선뜻 결정을 내리지 못하고 있었다. 도레이에도 부직포 사업의 미래 전망과 중국의 성장세에 따른 투자 제안을 보고하고 함께 검토했다.

첫 해외 진출 프로젝트였기 때문에 매우 신중을 기했다. 대규모 투자금이 들어가는 사업이니 고민이 깊어질 수밖에 없었다. 시장을 제대로 파악하지 못한 채 섣불리 투자하면 큰 타격을 입을 수 있어, 철저히 분석하고 꼼꼼히 따지면서 신중에 신중을 기했다.

추진 과정에서 생길 수 있는 문제가 한둘이 아니었다. 그중에서도 특히 중국 현지에서 우수한 제품을 선보일 경우, 경쟁업체들이 우리 기술을 재빨리 복사해 낮은 가격으로 시장을 점령할 수도 있다는 우려가 가장 컸다.

이 사업은 우리가 도레이를 설득해 함께 투자하고 진출하기로 결정한 만큼, 모든 리스크에 대한 책임이 우리 몫이었다. 따라서 중국을 자주 오가며 시장 조사를 철저히 했다. 그러다 보니 어느덧 해가 두 번이나 바뀌었다. 워낙 크고 중요한 프로젝트여서 담당 태스크포스팀이 부지런히 움직이면서 치밀하게 준비했다.

눈으로 보고 결정하라

'눈으로 직접 확인하고 최종 결정을 내리자.'

상하이 시내 대형 백화점으로 향하면서, 최후의 결전을 앞둔 군인처럼 결의를 다졌다. 부직포 최종 소비재 시장을 내 눈으로 직접 관찰하기 위해 나선 발걸음이었다. 공장이나 설비도 중요

소재가 세상을 바꾼다

하지만, 중국 소비자들의 구매 행태를 직접 보고 파악하는 것도 필요하다고 여겼기 때문이다.

부직포 최대 수요처이자 최종 제품인 기저귀와 생리대 시장을 최일선에서 관찰하기 위해 백화점에 들어서자마자 위생용품 코너로 향했다.

과연 중국 소비자들은 어떤 기저귀를 사갈까? 여성들은 어떤 생리대를 선호할까? 위생용품 코너를 여러 시간 동안 왔다 갔다 하면서 중국인들이 어떤 제품을 선택하는지 꼼꼼하게 관찰했다.

백화점 매대에는 현지 업체들이 만든 저가 제품을 비롯해 킴벌리클라크나 P&G 같은 세계적 기업에서 만든 다양한 제품이 진열되어 있었다. 그런데 중국산 제품을 선택하는 사람이 거의 없었다.

'중국 소비자들도 아기 기저귀만큼은 가격보다 품질을 더 중요하게 여기는구나. 그렇다면 우리 사업이 중국에서도 성공할 수 있겠는데.' 이런 생각이 들었다.

우리의 부직포는 품질 면에서 세계 최고이니 중국 시장에서 다른 나라 제품과 견주어 전혀 부족함이 없었다. 피부에 직접 닿는 기저귀나 생리대의 원료로 쓰이는 부직포는 의약품 수준의 정밀함과 안전성이 요구되는데, 도레이첨단소재 제품은 그런 기준을 충족하고도 남을 만큼 고급 품질이었다.

그뿐만 아니라 H타이어, H화학 등 중국에 먼저 진출한 회사를 방문해 투자 리스크, 주의점 등을 꼼꼼히 파악했다.

중국 소비자들의 기저귀 선택 기준을 직접 확인한 뒤 자신감을 안고 귀국했다. 도착하자마자 상하이 백화점에서 관찰한 중국인들의 반응을 관련 부서에 전하며, 이를 참고해서 중국 시장 전문가들의 의견을 들어 보라고 지시했다.

얼마 후 간략한 보고서가 올라왔다. 지난 10년간 중국 위생용품 시장 동향을 분석한 결과, 10년 전부터 중국 소비자들은 가격보다 품질을 우선시해 왔으며 앞으로도 그럴 것으로 전망한다는 내용이었다.

중국 땅에서 성공 신화를 만들다

2006년 8월, 마침내 부직포 사업의 중국 진출을 결정하고 나서 도레이에 이렇게 보고했다.

"중국 시장은 인건비를 보고 진출하면 실패하지만, 시장 가능성을 내다보고 결정하면 성공할 것이다. 우리 사업은 인건비에

목매는 분야가 아니다. 그동안 폭넓은 시장 조사를 통해 이 사업이 성장 사업이라는 결론을 얻었다. 중국에 진출한 한국 기업들의 성공 사례와 실패 사례를 꼼꼼히 분석했다. 그러니 중국에 진출해도 결코 실패하지 않을 것이다."

도레이에서는 확신에 찬 우리의 최종 결정에 흔쾌히 동의해주었다.

마침내 그해 12월 현지 법인 '동려고신취화(남통)유한공사[東麗高新聚化(南通)有限公司, Toray Polytech(Nantong) Co., Ltd. (TPN)]가 설립되었다. 장쑤성 난통시 경제기술개발구의 도레이 집단공업단지 내에 도레이첨단소재, 일본 도레이, 도레이 중국 법인 3사의 합작 회사로 출범했다.

TPN은 국내 최초로 중국에 진출한 스펀본드 부직포 회사다. 그리고 도레이 관계사에서 유일하게 도레이 임직원이 나가지 않고 한국의 도레이첨단소재 임직원과 현지에서 채용한 직원들로 구성되어 있다.

도레이첨단소재 직원 4명과 현지에서 채용한 중국인 3명으로 시작했으나, 도레이첨단소재만의 방식으로 중국 땅에서 성공 신화를 만들겠다는 결의로 뭉친 그들의 책임감과 소명의식은 남달랐다.

소재가 경쟁력이다

14억 중국 소비자를 겨냥해 힘찬 발걸음을 내디딘 중국 현지 부직포 사업은 연간 1만 8,000톤의 위생재용, 의료용, 공업용 고기능 부직포 생산을 시작으로 확장을 거듭해, 현재 6만 8,000톤 규모에 이르는 최고 품질과 서비스를 자랑하는 스펀본드 회사로 성장했다.

소재가 세상을 바꾼다

TPN은 국내 최초로 중국에 진출한 스펀본드 부직포 회사다.

그리고 도레이 관계사에서 유일하게

도레이 임직원이 나가지 않고 한국의 도레이첨단소재 임직원과

현지에서 채용한 직원들로 구성되어 있다.

현지에 가면
현지인이 되라

해외 진출을 위한 세 가지 원칙

다른 나라에 진출할 경우 공장 부지 선정이나 법인 설립 인가만 중요한 것이 아니다. 그래서 중국 난통 현지로 파견 나갈 직원들을 불러 모아 당부했다.

"'관시(关系)'라는 말 들어 보셨죠? 우리말로는 '관계'라고 할 수 있는데, 중국 사람들은 매사에 이 관시를 대단히 중시합니다. 법이나 규정 외에 관시를 통해 문제를 해결하려는 경향이 강하다고 할 수 있지요."

우선 관시를 위해 현지 언어를 익히라고 부탁했다. 그러면서 1년 후에는 중국어로 의사소통에 전혀 문제가 없길 바란다고 덧붙였다.

소재가 세상을 바꾼다

1년 뒤 우리 직원들은 농담을 주고받을 정도로 중국어 실력이 일취월장해 현지인들과 어울리는 데 전혀 문제가 없었다. 외국인이 자국 언어를 쓰며 스스럼없이 다가오는데 마다하고 멀리할 사람이 어디 있겠는가. 설비 증설 문제로 중국 관리들을 접촉할 때도 통역사 없이 대화가 가능했다. 유창한 중국어로 막힘 없이 대화하는 우리 직원들을 보며 중국인들이 오히려 놀라워했다.

직원들의 이러한 노력 덕분에 공장의 생산효율이 눈부시게 향상되었다. 현재 TPN은 부직포 생산량에서 아시아 1위, 세계 10위권을 자랑하는 명실상부한 메이저 업체가 되었다.

다른 나라에서 일하려면 당연히 그 나라 말을 배워야 한다. 통역사가 있으니 괜찮다는 마음가짐은 게으른 사람의 변명일 뿐이다. 중요한 이야기를 나누거나 속을 터놓을 때 통역사가 있으면 그 진의가 정확히 전달되지 않을 수도 있다.

통역사를 데리고 다니면서 이방인 노릇 하지 말고 소통에 문제없을 정도로 언어를 익혀 상대의 마음까지 파고들어야 성공할 수 있다. 외국에서 일하려면 현지인이 되어야 한다.

중국에서 일하는 우리 직원들은 중국인이나 마찬가지다.

소재가 경쟁력이다

중국을 넘어 인도네시아, 인도까지

중국 부직포 공장이 성공을 거두자 인도네시아와 인도로 해외 진출을 확대했다. 이들 나라는 젊은 인구가 많고 경제성장 잠재력이 높다. 구매력이 어느 정도 뒷받침되는 나라에서는 실패 확률이 낮다.

나는 해외 진출을 할 때, 나름의 기준을 세웠다.

첫째, 시장성이다. 중국, 인도네시아, 인도는 시장성이 확실했다. 중국에 기저귀용 부직포 공장을 세울 때도 가장 먼저 고려한 것이 시장성이다.

당시 중국의 연간 신생아 수는 1,700만 명에 달했는데, 보통 두 살까지 기저귀를 찬다고 가정할 경우 3,400만 명의 잠재 고객이 있는 셈이었다.

일회용 기저귀는 인구가 많다고 시장이 형성되는 것이 아니라 국민소득이 어느 정도 뒷받침되어야 한다. 보통 국민소득이 3,500달러 정도 되면 일회용 기저귀를 사용하기 시작한다. 그리고 8,500달러 정도 되면 거의 모든 아이가 일회용 기저귀를 사용하는 성숙기 시장이라고 할 수 있다. 우리가 중국 진출을 검토할 당시 중국에서는 일회용 기저귀를 막 사용하기 시작해 이후

소재가 세상을 바꾼다

엄청난 성장 속도를 보였다.

인도는 중국보다 신생아 수가 더 많아 연간 2,700만 명, 2세 미만 아이가 5,400만 명에 달하는 엄청난 시장이지만, 국민소득이 아직 2,000달러 수준이어서 일회용 기저귀 사용량이 미미한 상태였다. 따라서 전략적으로 인도네시아에 먼저 진출하기로 했다. 인도네시아는 연간 신생아 수가 500만 명에 달하는 인구 대국이라서 인도 진출의 발판을 마련하는 데 충분한 조건을 갖추고 있다고 판단했다.

세계 최저 수준의 출생률을 기록하는 우리나라를 비롯해 일본, 대만 등 동아시아 국가들의 신생아 수를 모두 합쳐도 200만 명이 채 안 되는 상황에서 중국이나 인도, 인도네시아는 너무나 매력적인 새로운 시장이다.

둘째, 현지 인력을 충분히 교육시키고 양성해 현지인에 의해 공장이 운영될 수 있도록 한다. 그러려면 철저한 현지화 전략이 필요하다.

많은 기업이 본사 주도의 글로벌 전략을 펼쳐 실패한 경우가 꽤 있다. 글로벌 전략도 중요하지만, 다른 한편으로 현지 환경에 맞춰 시너지를 낼 수 있는 현지화 전략을 전개해야 성공 가능성이 훨씬 높다. 그 나라 사람들에 대해 먼저 이해하고 현지 문화

소재가 경쟁력이다

와 고객의 니즈에 맞는 제품과 서비스로 다가가야 한다.

셋째, 현지 투자 환경을 명확하게 파악한다. 좋은 입지를 얻기 위해서는 현지 정부나 지자체의 협조가 필수적이다. 직접 협조를 얻기 어려울 경우에는 진출하기 전에 반드시 여러 네트워크를 통해 잘 알아봐야 한다. 다행히 도레이가 진출한 지역에서는 대부분 현지 인프라를 자유롭게 활용할 수 있었다.

한 가지 덧붙이자면, 거래처와의 거리도 고려하고 거래처의 움직임도 눈여겨봐야 한다. 때로는 새로운 시장에서 최고의 기회를 얻기도 한다.

우리는 차별화된 안목과 도전정신으로 해외 시장 진출에 성공했다고 자부한다. 또한 공동투자를 이끌어 이미 구축된 인프라를 활용하고 투자와 기술 리스크를 줄이는 한편, 도레이의 글로벌 네트워크를 통해 신시장과 신규 고객 개척에 적극 나섬으로써 시너지를 내고 있다.

도레이첨단소재는 계속해서 해외 진출 기회를 모색하고 있다. 앞으로도 우리 고유의 역량과 장점을 살려 글로벌 경쟁력을 갖춘 신규 사업 및 신시장 개척에 적극적으로 나설 것이다.

소재가 세상을 바꾼다

중국 '바이주'의 공격에
한국식 '폭탄주'로 맞서다

부직포 공장 건설을 추진할 때의 일이다. 중국에 자주 드나들었지만, 현지 사람들과 개인적으로 어울린 적은 거의 없었다. 그러던 중 공장 기공식에 난통시 경제기술개발구 책임자가 축사를 해주어 일행에게 점심을 대접했더니, 투자해 주어 고맙다면서 저녁 식사에 초대했다.

중국 측 인사 16명과 우리 측 직원 16명이 저녁을 함께했다. 그런데 개발구 직원이 와인 잔에 바이주(白酒)를 따라 주며 함께 원샷을 하자고 했다. 나는 그들의 기대를 저버리지 않으려고 씩씩하게 일어섰다. 바이주의 진한 향기가 코끝에 전해졌다. 술을 쭉 들이켠 뒤 빈 잔을 들어 보이자 좌중에서 박수가 터져 나왔다. 이것을 신호로 본격적인 회식이 시작되었다. 평소에 주량만큼은 빠지지 않는다고 자부해 왔으나 와인 잔에 바이주를 마시다 보니 도저히 따라갈 수가 없었다.

중국 측 인사 16명이 차례로 술잔을 건네는데, 회사 최고책임자로서 마다할 수도 없었다. 나는 죽을 것 같은데 중국 측 인사들은 멀쩡했다. 분위기를 보고 있던 우리 측 임원이 슬쩍 귀띔을 했다.

"사장님, 중국 친구들에게 한국식 폭탄주의 맛을 보여 주면 어떻겠습니까? 그러면 나가떨어지지 않을까요?"

그렇게 해서 주종을 폭탄주로 바꿨다. 그들은 위스키와 맥주로 폭탄주를 만드는 우리를 신기한 눈빛으로 바라보았다. 그러더니 아무렇지 않다는 듯 벌컥벌컥 마셨다. 예상했던 대로 곧 신호가 오기 시작했다. 거의 기절하는 사람이 하나둘 나타났다.

"사장님, 한 순배만 더 돌리면 끝나겠습니다."

회심의 미소를 지으며 마지막 폭탄주를 돌렸다. 중국인들이 하나둘 나가떨어져 자연스럽게 술자리가 끝났다. 독주에 강한 중국인들도 한국식 폭탄주를 이겨 내지 못했다.

중국은 우리 문화와 비슷한 점이 많다. 손님을 극진하게 대접하는 전통도 많이 닮았다. 나중에 내가 술에 취해 혹시 실수라도 하지 않았나 염려하자 의외의 답변이 돌아왔다. 기억이 끊길 만큼 취한 상태에서 내가 술자리를 마칠 때 깍듯하게 예의를 갖춰 인사말까지 했다고 한다.

"난퉁시 경제기술개발구의 발전을 위해 노력을 아끼지 않을 테니 개발구 측에서도 많이 지도편달해 주십시오."

그뿐만 아니라, 한국을 방문해 주길 당부하며 극진히 모시겠다고 덧붙였다고 한다. 업무상 긴장이 취기를 이긴 모양이었다. 사실 나는 술자리가 끝나기 전부터 다음 날 깰 때까지 필름이 완전히 끊긴 상태였다.

사업을 하다 보면, 또 직장생활을 하다 보면 마다할 수 없는 술자리가 생기게 마련이다. 긴장의 끈을 놓을 수 없는 비즈니스 관계에서 서로의 진면목을 알 수 있는 자리는 많지 않다. 호기 어린 승부였지만 그 덕분에 이후 경제기술개발구 책임자들과 관계가 편해졌다.

실수를 딛고
성장하다

스판덱스 사업의 아쉬운 철수

최근 섬유 산업에서 가장 핫한 소재 중 하나가 스판덱스다. 스판덱스는 잘 늘어나는 '고무실'로, 탄성이 좋아 스타킹이나 레깅스뿐만 아니라 각종 의류의 원료로 사용된다. 레깅스의 선풍적인 인기와 더불어 스판덱스 업체들이 많은 수익을 내고 있다.

우리 회사는 제일합섬 시절 스판덱스 개발에 뛰어들어 성공한 경험이 있지만, 지금은 생산 시설을 갖추고 있지 않다. 그래서 오래전부터 근무해 온 직원들은 거리에서 레깅스나 기능성 운동복을 입은 사람들을 볼 때마다 안타까워한다.

기술도 전문 인력도 없는 상태에서 1988년 스판덱스 사업을

소재가 경쟁력이다

시작했다. 기술이 없었기 때문에 해외에서 기술자를 스카우트해 제품 개발에 나섰다. 스판덱스 생산 기술은 뽑아낸 실을 식히는 방식에 따라 건식과 습식으로 나뉜다. 건식은 공기로 식히는 방식이고 습식은 물에 넣어 식히는 방식이다.

우리가 스카우트한 해외 기술자는 습식 전문가였다. 어렵게 실을 뽑는 데까지는 성공했는데 도무지 수율이 나오지 않았다. 물로 식히는 과정에서 자꾸 실이 끊어졌다. 1년 넘게 매달렸으나 좀처럼 진전이 없었다.

"자네가 좀 맡아 보게."

당시 나는 다른 업무를 맡고 있었는데, 갑자기 그 문제를 해결해 보라는 특명이 떨어졌다. 현장에 가보니 직원들 모두 최선을 다하고 있어 조금만 더 연구하면 성과가 나타날 것 같았다.

한 달간 수많은 테스트를 해본 뒤, 이론적으로 수익이 나는 수율이 달성 가능한가 따져 보았다. 최종적으로, 이 방식으로는 제대로 된 상품을 생산할 수 없겠다는 판단이 섰다. 생산에 성공하더라도 실 품종을 교체할 때마다 나오는 손실(loss) 때문에 정상품의 수율이 60퍼센트도 안 될 것 같았다. 결국 생산은 가능하지만 적정 수율을 확보해 수익을 올리는 것은 불가능하다고 결론 내렸다.

소재가 세상을 바꾼다

나는 상황을 빨리 정리해서 이사회에 보고한 뒤, 대안으로 건식 생산 방식을 제안했다. 기존 폴리에스터 원사처럼 건식으로 하면 수율이 충분히 나올 거라고 판단했다.

사내에 섬유를 전공한 박사급 인력을 불러 모아 개선 작업에 매달렸다. 1년여에 걸친 개선 작업 끝에 마침내 건식 방사기를 완성했다. 습식에 비해 스판덱스 실이 끊어지지 않고 생산되기 시작했다.

스판덱스 실을 열심히 팔고 있는데, 세계 최고 화학 회사인 D사 관계자가 찾아와 한국에서 스판덱스 사업을 확대할 계획인데 함께 해보자고 제안했다. 그런 제안을 받을 경우, 세계 어느 회사라도 거절하지 않을 것이다.

그동안 투자 비용을 다 뽑을 만큼의 투자를 받아 1999년에 합작 회사를 만들었다. 그런데 약 1년 후 D사에서 자신들이 전적으로 하겠다며 지분 매각을 제안했다. 외환위기로 회사가 어려운 상황이었고 좋은 조건이었기 때문에 미련 없이 팔았다. 그 당시에는 어쩔 수 없는 선택이었지만, 돌아보면 큰 시장을 놓쳐 버린 것 같아 안타깝고 아쉬움이 매우 크다. 그때는 물론 내가 회사 경영을 맡기 전이었지만, CEO를 맡은 후에도 이렇게 좋은 기회를 날리는 일은 발생한다.

두고두고 뼈아픈 편광필름 사업

도레이새한 출범 직후인 2000년, 지금은 퇴직하신 도레이의 사카키바라 사다유키 사장이 내게 '편광필름 사업'을 제안했다. 그 당시 새한에서 초기 단계의 편광필름 사업을 하고 있었다. 그러니 새한이 하고 있는 편광필름 사업을 인수하라는 것이었다. 하지만 나는 편광필름 시장에 확신이 없었다.

새한이 갖고 있는 라인은 편광필름 전 단계의 낮은 기술이어서 성공 가능성도 희박했다.

인수 가격도 너무 높아서 주저되었다. '울고 싶은데 뺨 때려준 격'이라고 해야 할까. 그래서 주춤하다가 추진하지 않는 방향으로 결정을 내렸다. 내가 여러 상황을 설명하며 추진하기 어렵다고 보고하자 사카키바라 사장도 수긍해 편광필름 인수 계획은 무산되었다.

하지만 이는 경영자로서 뼈아픈 실책이었다. 이후 편광필름 시장이 엄청나게 커져 두고두고 아쉬움이 남는다. 만약 그때 편광필름 사업을 시작했더라면 도레이첨단소재의 규모가 지금보다 최소한 두 배는 커졌을 것이다.

누구나 살면서 실수를 한다. 하지만 그 실수를 딛고 성장하며 변화한다. 따라서 실수는 곧 기회라고 할 수 있다. 문제는 실수하고도 무엇이 잘못되었는지 깨닫지 못하거나 반성하지 않는 것이다. 실수를 반복해서 실수에 익숙해지면 자신이 원래 그런 사람이라며 스스로 합리화해 결국 자존감이 낮아진다.

대장간에서 작은 호미 하나를 만들려면 스무 번이 넘는 담금질과 백 번이 넘는 망치질이 필요하다고 한다. 그렇다면 인간은 제대로 인정받기까지 얼마나 많은 담금질과 반성이 필요할까?

실수를 담금질 기회로 삼아야 한다. 반성이라는 망치질로 자신을 더 단단하게 단련해 거듭나야 한다. 돌아보고 반성해 새롭게 태어나면 더는 실수를 반복하지 않을 것이다. 때론 앞으로 한 발짝 나아가기 위해 값비싼 대가를 치러야 할 때도 있다.

　　　　　　　　　　　　　　　소재가 경쟁력이다

매력적인
미래 소재 산업

탄소섬유를 향한 '짝사랑'

'탄소섬유 공장을 한국에 지으면 좋겠다.'

2003년부터 일본 도레이의 상임이사라는 중책을 맡으면서 일본을 드나드는 일이 잦아졌다. 해외 현지 경영인이 도레이 본사의 임원에 임명된 첫 사례여서 책임감도 느꼈지만, 그보다 선진 경영을 접할 수 있다는 기대가 더 컸다.

매년 두 차례씩 열리는 임원 회의 참석과 임원 연수회 등 여러 경영진 관련 행사를 통해 도레이그룹은 물론 글로벌 선진 기업들의 경영을 많이 배웠다. 그 과정에서 '탄소섬유'가 실로 엄청난 잠재력을 지닌 미래 산업이라는 것을 깨달았다. 시장에 대한 전망도 확실해 무척 매력적으로 보였다.

소재가 세상을 바꾼다

이렇게 언젠가부터 탄소섬유에 대한 '짝사랑'이 시작됐다. 탄소섬유 시장에 뛰어들면 무조건 성공할 것 같았다. 우리나라에는 아직 탄소섬유 생산 기반이 없지만, 공장을 짓는다면 분명 첨단 제품을 만들어 새로운 시장을 창출할 수 있을 거라는 확신이 들었다.

그러나 현실은 너무나 막막했다. 가장 큰 문제는 그 당시 국내에 탄소섬유 수요가 많지 않다는 점이었다. 아무리 장밋빛 미래를 장담한다고 해도 현재는 시장이 너무 작아, 한국에 탄소섬유 공장을 짓자고 도레이를 설득할 명분이 없었다.

한국에 탄소섬유 공장을 지어야겠다는 생각을 굳힌 뒤에는 일본 출장을 갈 때마다 도레이의 탄소섬유 사업본부장에게 넌지시 의견을 물었다.

"앞으로 한국에도 탄소섬유 공장을 지어야 할 것 같습니다."

"한국에요? 왜 한국이죠?"

본부장이 생각지 못했다는 듯이 되물었다. 그래서 차근차근 설득해 나갔다.

"앞으로 탄소섬유 시장이 계속 성장할 것 아닙니까? 그렇다고 중국에 바로 공장을 짓겠습니까? 한국에서 탄소섬유를 생산해 중국 시장을 공략하면 더 좋을 것 같습니다."

갈 때마다 비슷한 이야기를 반복했지만, 당시 사업본부장은
내 이야기에 별로 신경 쓰지 않는 것 같았다.

철보다 강한 실

도레이는 탄소섬유의 '대명사'와도 같다. 탄소섬유의 무
궁무진한 잠재성을 확신한 도레이는 세계 최초로 탄소섬유 양산
화에 성공했다. 그리고 1971년에 '도레이카(TORAYCA)'라는 탄
소섬유 브랜드를 선보였다.

도레이카는 세계 최초로 상용화된 탄소섬유이자 탄소섬유
의 실질적인 세계 표준 역할을 할 정도로 관련 분야에서 위상
이 높다. 현재 전 세계 탄소섬유 시장에서 1위를 차지하는 도레
이는 이 분야의 선두주자다.

탄소섬유는 아크릴실을 태워서 만든다. 아크릴실을 질소 상태
에서 섭씨 1,000~1,500도 열로 태우면 아크릴에 붙어 있는 화
학 성분이 날아가고 탄소만 남아 새까만 실이 되는데, 여러 겹을
평평하게 편 다음 수지를 입히면 엄청난 강도를 지닌다. 당연히
무게도 가볍고 탄성 또한 높다.

소재가 세상을 바꾼다

1971년부터 상업 생산을 본격적으로 시작했으니, 상용화에 들어간 지 50년이 넘었다. 하지만 대중화되기까지 오랜 시간이 걸렸다. 연구 개발 비용을 수조 원 들였는데 오랫동안 적자가 나니 도레이 내부에서 '돈 먹는 벌레'라는 탄식도 나왔었다.

탄소섬유는 철(鐵)을 대체할 수 있는 새로운 소재라는 데 초점을 맞춰 개발되었다. 실제로 탄소섬유는 무게가 철의 4분의 1밖에 안 되지만 강도는 10배 강하다. 단위 무게당 강도 면에서 40배 강한 셈이다. 산술적으로 똑같은 강도를 갖게 하려면 철에 비해 40분의 1만 써도 된다는 의미다.

단순 비교를 하면 탄소섬유가 철보다 가격이 훨씬 비싼 것 같지만, 강도 대비 가격을 환산하면 전혀 다르다. 같은 강도를 내기 위해 훨씬 적은 양을 사용하기 때문이다.

게다가 가벼운 소재를 사용함으로써 얻을 수 있는 효용가치가 가격보다 더 중요하다. 탄소섬유를 적용하기에 가장 좋은 분야 중 하나가 자동차다. 자동차의 차체나 부품에 탄소섬유를 사용하면 무게를 줄여 연비가 크게 향상된다. 그로 인해 이산화탄소 배출량 감소에도 크게 기여할 수 있다.

하지만 자동차 산업에 적용하기까지 시간이 많이 걸렸다. 자동차 완제품 가격에 비해 탄소섬유 가격이 비싼 편이라서 소재

소재가 경쟁력이다

대체에 따른 효용을 기대하기 어려웠다. 그래서 도레이는 항공기 분야에 주목했다.

도레이는 '검은 비행기를 띄워 보자'라는 비전을 세우고 항공기에 탄소섬유를 적용하기 위해 나섰다. 오랜 노력 끝에 마침내 2005년 미국 보잉사와 탄소섬유 장기 공급 계약을 체결했다.

우리에게도 잘 알려진 보잉 747 항공기의 꼬리날개에 바로 도레이의 탄소섬유가 사용된다. 2011년부터는 보잉 787에도 탄소섬유가 사용되고 있다.

특히 보잉 787 기종은 꼬리날개뿐만 아니라 비행기 동체와 날개 등 전체 구조물의 50퍼센트를 탄소섬유로 제작하면서 비행기 무게를 3분의 1가량 줄였다. 연료를 줄여 비행 효율을 높이는 한편, 이산화탄소 발생도 크게 줄여 환경에 대한 부담을 경감시키는 일석이조 효과를 거두었다.

한국 최초 탄소섬유 공장을 짓다

도레이 입장에서 볼 때 가장 큰 탄소섬유 시장은 항공기 제조업체였다. 그런데 항공기 제조업체는 대부분 미국 회사

소재가 세상을 바꾼다

였다. 따라서 공장을 더 지어야 한다면 미국이 마땅했다.

당시 국내 산업에서는 탄소섬유가 낚싯대나 골프채 등 스포츠 용도로 일부 들어가는 정도였다. 그렇다 보니 도레이는 아시아 생산 기지로 시장이 큰 중국을 염두에 둔 듯했다.

한국에 탄소섬유 공장을 유치하려고 아무리 설득해도 전혀 가능성이 보이지 않았다. 그럴수록 나는 탄소섬유에 대한 '애정'이 점점 더 깊어졌다. 우리나라에서 아직 만들지 못하는 제품을 우리나라에서 생산해 공급하는 것이 소재 회사로서 미래를 대비하는 확실한 전략이라고 믿었다.

이를 실현하기 위해 수없이 스터디하고 제안서를 만들어 도레이에 보내는 등 여러 루트를 통해 투자 의사를 타진했으나 대답은 항상 '불가'였다.

그러던 중 과거 필름 사업 때부터 잘 알고 지내던 본부장이 탄소섬유 신임 사업본부장으로 임명되자 좀 더 적극적으로 설득에 나섰다.

우리나라 정부 관계자와 지방 자치 단체장 등을 여러 차례 만나고 설득해 탄소섬유 공장 건립을 위한 전폭적인 지원을 받아냈다고 도레이 측에 전했다.

산업통상자원부와 경상북도 도지사를 비롯한 많은 관계자가 지원 사격에 나서자 도레이에서도 관심을 보이기 시작했다.

"한국에는 세계 5대 자동차 회사가 있지 않습니까? 한국에서 질 좋은 제품을 싸게 만들어 중국과 동남아시아로 팔 수도 있습니다. 중국과는 거리도 가깝습니다. 중국 내에서 운송하는 것보다 물류 비용도 적게 듭니다."

마침 중국과 우리나라가 자유무역협정(FTA) 체결을 준비 중이었기 때문에 관세 장벽이 낮아지리라는 점도 장점 중 하나였다. 오랜 설득이 조금씩 먹혀들어 도레이에서도 한국 투자를 검토하기 시작했다.

그리고 마침내 2011년 6월, 구미에서 탄소섬유 공장 건설을 위한 첫 삽을 떴다. 우리나라 최초의 탄소섬유 공장이었다.

지금은 국내 일부 차종에 도레이첨단소재 탄소섬유가 들어간다. 또한 특히 강한 압력을 견뎌야 하는 수소차의 수소 연료 탱크 등에 도레이첨단소재의 탄소섬유가 쓰이고 있다.

가벼우면서 강도가 높아야 하는 자동차를 위한 탄소섬유 부품 개발이 계속해서 이어지고 있다. 범퍼와 크랭크축도 탄소섬유로 만든 대체 부품 개발에 성공한 상태다.

탄소섬유를 사용하는 데 가장 큰 걸림돌인 가격도 빠른 시일에 해결될 가능성이 크다. 물론 자동차 관련 소재 부품의 공급망

소재가 세상을 바꾼다

구조가 바뀌기까지는 시간이 좀 더 걸릴 것이다.

전기차와 수소차 시장이 급속도로 성장하고 있기 때문에 탄소섬유 보급이 활발해지면 이를 이용한 새로운 관련 사업도 많이 생겨날 것으로 전망한다. 분명한 것은 시장이 커진 후에 시작하면 늦는다는 사실이다.

소재가 경쟁력이다

마침내 2011년 6월, 구미에서
탄소섬유 공장 건설을 위한 첫 삽을 떴다.
우리나라 최초의 탄소섬유 공장이었다.

소재는 완제품보다
앞서가야 한다

전기 자동차를 위한 최고의 소재

최근 들어 전기차 시장이 급성장하고 있다. 우리나라와 유럽은 2035년부터 내연 기관 신차의 판매를 금지한다고 발표했다. 일본도 2040년대에는 내연 자동차 생산에서 완전히 손을 뗄 것으로 보인다. 따라서 2040년 이후에는 지금과 같은 방식의 자동차를 보기 힘들 것이다.

내연 자동차의 대안으로 전기차와 수소전기차 등이 부상하고 있다. 전기차의 경우, 배터리 효율을 높이려면 차체가 가벼워야 하므로 차체뿐 아니라 주요 부품 소재 중 상당 부분이 철에서 탄소섬유와 플라스틱으로 바뀔 것이다.

수소전기차는 자동차 내에 수소를 담은 탱크를 싣고 다니면서 수소와 공기 중의 산소가 반응해 전기를 발생시키는 원리다. 수소 탱크는 초고압에도 잘 견뎌야 한다. 그런데 철을 사용하면 철의 무게만큼 연비가 떨어지고 압력도 이겨 내기 어렵다. 따라서 가벼우면서 강도 높은 탄소섬유가 최적의 소재로 각광받고 있다. 자동차 시장의 패러다임이 전기차, 수소차, 하이브리드 등으로 바뀌면서 탄소섬유 시장은 폭발적으로 성장할 것이다.

현재 도레이첨단소재는 탄소섬유 2개 라인을 가동하고 있다. 국내 탄소섬유 시장에서는 이미 압도적인 시장 점유율을 차지하고 있으며, 올해 7월에 추가 증설하기로 결정했다. 이로써 한국 내 생산 능력을 8,000톤 규모로 늘려 탄소섬유 시장의 리더로서 입지를 더욱 강화하고 전후방 산업과의 협력체계를 더욱 확대할 것이다.

소재 기업은 완제품 기업보다 한발 빨리 움직여야 한다. 시장 수요가 확실해진 뒤에 움직이면 경쟁사들도 뛰어들기 때문에 이미 늦어 버린다. 완제품 기업이 찾는 소재를 공급하는 것이 아니라, 완제품 기업에 미래가치가 있는 소재를 먼저 제안해 시장의 변화를 이끄는 것이 소재 기업의 역할이다.

소재가 세상을 바꾼다

드론과 UAM, 탄소섬유로 날다

요즘 드론의 쓰임새와 시장이 무궁무진해지고 있다. 이와 더불어 전기차, 수소차와 함께 도심 항공 모빌리티(Urban Air Mobility, UAM)라는 새로운 운송 시스템이 미래 성장 동력으로 떠오르며 화제가 되고 있다.

UAM은 한마디로 '하늘을 나는 택시'다. 경량 비행기 형태의 운송 수단으로 공항이나 시내 주요 지역을 오가는 새로운 항공 교통수단으로 부상하고 있다.

가벼우면서도 강도가 높아야 하는 이 UAM에도 탄소섬유가 필수 소재로 사용될 전망이다. 시장이 본격적으로 형성되려면 앞으로 5~6년은 더 있어야겠지만 반드시 급성장할 것이며, 이에 따라 탄소섬유 수요도 크게 늘어날 것으로 전망된다.

탄소섬유 시장이 성장하리라는 믿음은 확고하다. 현재 전 세계 고품질의 탄소섬유 시장은 한국, 일본, 미국, 프랑스 4개국이 제품 생산과 고차 가공 기술 등에서 리드하고 있다. 제조업의 기본인 '좋은 제품을 싸게 만드는 것'이 시장 지배의 관건이 될 것이다.

토머스 에디슨과 탄소섬유

'높은 온도에서도 필라멘트가 녹아내리지 않게 할 방법이 없을까?'

백열전구를 연구하던 토머스 에디슨의 가장 큰 고민거리는 전구에 사용하는 필라멘트의 소재였다. 에디슨은 초창기에 백금을 소재로 한 필라멘트로 백열전구를 만들었으나 백금 가격이 너무 비싸고 열에 약해 오래 켜두면 녹아내렸다.

백금을 대체할 소재를 찾아 수천 번이나 실험을 거듭했다. 심지어 연구자의 수염까지 필라멘트 실험에 활용했다는 일화가 있다. 아무리 해도 풀리지 않던 문제를 마침내 '탄화(炭化, carbonization)'에서 찾아냈다. 가는 실을 태워 사용했더니 다른 소재에 비해 지속 시간이 크게 늘어났다. 처음에는 무명실을 탄화시켜 사용한 뒤 대나무 섬유로 바꾸었다. 그러자 고온에서도 끊어지지 않고 오래 지속되었다. 에디슨이 섬유를 태워서 만든 전구의 필라멘트가 바로 탄소섬유의 출발점이다.

가스를 이용해 거리를 밝히던 백열등은 아마 그 당시 첨단 기술이었을 것이다. 그때 세상을 바꾼 그 기술에 사용된 첨단소재가 바로 탄소섬유다.

우리가 즐겨 보는 마블 영화의 히어로들이 사용하는 무기의 비결도 독특한 소재에 있다. 캡틴 아메리카의 방패는 영화에서 '비브라늄 (vibranium)'이라고 불리는 가상의 소재를 사용하는데, 가벼우면서 강도가 엄청난 비브라늄이 혹시 현실 속 탄소섬유를 모델로 한 것 아닌가 싶다.

월척을 꿈꾸는 낚시꾼들에게 탄소섬유로 만든 낚싯대는 로망이다. 장시간 손에 들고 있으려면 가벼워야 하고, 큰 물고기가 물어도 부러지지 않아야 한다. 그래서 탄성이 강하고 잘 부러지지 않으면서 힘이 좋은 탄소섬유가 제격이다.

당연히 골프채와 테니스 라켓에도 탄소섬유가 활용된다. 테니스 라켓의 프레임이나 골프채의 샤프트, 심지어 헤드에까지 탄소섬유가 쓰인다. 아무리 뛰어난 선수도 좋은 소재로 만든 도구가 없으면 역량을 향상하기 어렵다. 탄소섬유는 선수는 물론 일반 대중에게도 스포츠를 더욱 흥미롭게 즐길 수 있게 해준다.

이처럼 탄소섬유는 이미 우리 실생활 많은 곳에 스며들어 눈부신 활약을 하고 있다. 자동차는 물론 공기정화기, 정수기와 같은 환경 산업, 전기전자와 통신 산업, 토목건축 분야에서도 탄소섬유는 없어서는 안 될 소중한 존재다.

특히 비행기나 우주선의 동체에는 탄소섬유가 절대적으로 필요하다. 탄소섬유는 고강도에 초경량이며 내열성과 내충격성이 뛰어나고, 화학 약품에도 쉽게 손상되지 않는다. 섭씨 3,000도의 초고온을 견디는 탄소섬유가 아니라면 엄청난 열을 발산하며 솟아오르는 우주선이 공중에서 분해될지도 모른다.

언젠가 고갈될 화석연료 대신 전기를 사용하는 전기 자동차에도 탄소섬유 부품이 필요하다. 가볍지만 탄성과 내구성이 뛰어나고 철보다 강해 견고하며 안정성이 우수하기 때문이다. 소재가 가벼워 석유보다 적은 에너지로 더 먼 거리를 주행할 수 있다는 것도 장점이다. 연비가 좋으면 경제적 차원을 넘어 탄소 배출량 저감으로 지구 온난화 문제의 솔루션이 될 수도 있어 더욱 매력적이다.

이 때문에 이미 많은 자동차 기업이 주요 부품에 탄소섬유 복합재료를 활용하고 있다. 특히 탄소섬유 강화 플라스틱 부품들이 전기차, 수소차 및 하이브리드 자동차에 적극적으로 사용되고 있다.

현재 세계 시장에서 1년에 대략 8,000만 대의 자동차가 판매되고 있는데, 전기차의 비중이 점점 증가하고 있다. 그런데 자동차의 다양한 분야에 탄소섬유를 적극으로 사용하기 어려운 두 가지 문제가 있다.

첫째는 가격이다. 대중화되어야 할 자동차에 고가의 부품을 사용하면 자동차 가격이 상승해 경쟁력이 떨어질 수 있다. 아직은 탄소섬유가 철보다 비싸 실용화하기 쉽지 않지만, 지속적인 기술 개발로 조만간 이 문제가 해결되리라 전망한다.

둘째는 수요를 충족시킬 공급력이다. 자동차 한 대당 10킬로그램의 탄소섬유를 사용한다고 가정할 때 연간 8,000만 대의 자동차 수요에 맞추려면 80만 톤이 필요하다. 그러나 현재 전 세계 탄소섬유 연간 생산량은 약 15만 톤에 불과하다. 공급이 수요를 따라가지 못하는 시장 불균형 상태다. 더욱이 자동차 산업뿐만 아니라 다른 분야에서도 많이 필요하기 때문에 생산량 확대가 시급하다.

전 세계적으로 탄소섬유 제조 기술력을 갖춘 나라는 많지 않다. 일본, 미국, 프랑스가 주도하는 이 시장에 우리나라도 뛰어들었다. 그리고 그 선두에 도레이첨단소재가 있다. 도레이첨단소재는 탄소섬유 생산 경험은 10년이 조금 넘지만 수많은 소재를 생산하면서 축적한 최고 수준의 제조업 생산 기반을 갖추고 있어 머지않아 시장을 이끌어 나갈 것이다.

Chapter 3

변화와 혁신의
리더가 되라

30년을 내다보고 지은
'꿈의 공장'

376가지 문제점을 찾아내다

'공장을 왜 저렇게 지었을까?'

현장에서 일하다 보면 공장의 구조 때문에 불편하거나 효율이 떨어져 고민하는 경우가 많다. 설비 문제는 개선하거나 바꾸면 되지만 공장 설계 문제는 쉽게 바꿀 수가 없다.

구미3공장을 건설할 때 건설본부장을 맡아 예산 계획에서부터 완공에 이르는 전 과정을 총괄했다. 그때 마음속으로 다짐한 것이 있었다.

'30년이 지나도 누구도 따라올 수 없는 완벽한 공장을 짓자.'

그런 생각을 하며 기존 공장의 문제점을 모두 모았다. 실제 공장에서 설비를 운전하는 현장 직원들은 물론 관리자들까지 참여

변화와 혁신의 리더가 되라

해 불편함이나 트러블이 자주 발생하는 부분, 품질과 수율이 떨어지는 부분, 유틸리티를 과도하게 소모하는 설비 등 문제점을 모두 모았더니 376가지나 되었다.

기술자들이 함께 모여 머리를 맞대고 해결 방안을 논의하고, 설비업체와 설계업체 관계자들을 불러 계속 회의하면서 문제점의 개선방안을 찾아 나갔다. 그렇게 문제점을 보완한 뒤 신규 공장 설계에 반드시 반영하도록 했다.

또 무인 공장 시스템을 갖추기 위해 적극적으로 나섰다. 요즘 4차 산업혁명과 함께 스마트 팩토리 이야기가 많이 나오지만, 이미 1990년대 중반에 나는 그런 미래형 공장의 필요성을 절감했다. 따라서 거래처에서 주문이 들어오면 납기와 물량에 따라 필요한 원료 발주와 포장, 작업 배치 등이 자동으로 이루어지고 그 과정을 모두 실시간으로 확인할 수 있도록 했다.

생산 현장을 로봇으로 자동화해 사람이 일일이 매달릴 필요가 없었다. 그 당시는 정보통신 기술이 발달하지 않아 사람이 직접 하는 것이 더 싸고 효율적인 몇 부분만 제외하고 모두 자동화하는 데 성공했다. 1995년부터 30년 가까이 지난 지금까지도 최고 효율의 최신예 공장이라는 자부심을 갖고 있다.

소재가 경쟁력이다

공장 화장실을 신라호텔처럼 만들다

생산 설비를 제자리에 앉히는 기본 건설 공정은 물론, 완공 후 직원들이 사용할 화장실 내부 장식에 이르기까지 정성을 기울였다.

유럽 출장 때 숲속에 위치한 공장을 본 적이 있는데, 건물 외관의 느낌이 꽤나 강렬했다. 붉은 벽돌보다 조금 진한 색이었는데, 그 느낌을 구현해 보고 싶어 구미공장 본관 건물을 갤러리 같은 분위기로 지었다.

구미3공장을 지을 때, 특히 강조한 것은 화장실을 신라호텔과 똑같이 만들라는 것이었다. 당시 공장 화장실은 깨끗한 편이 아니었다. 화장실을 호텔 수준으로 만들라고 했더니 건설 담당자들이 공장 생산 시설 건축비는 평당 150만 원이면 되는데 화장실은 평당 750만 원이 나온다며 만류할 정도였다.

하지만 그로 인한 파급 효과는 매우 컸다. 별것 아닌 것 같지만 기본 환경이 바뀌자 직원들의 인식이 변하기 시작했다. 자기 집 안방처럼 깨끗한 화장실이 몸에 밴 직원들은 말하지 않아도 생산 현장을 늘 깨끗이 정리정돈했다.

모든 관리의 기본은 환경에서 시작된다. 좋은 환경에서 좋은 품질이 나오기 때문이다.

공장을 방문한 기자들이 화장실 바닥에 대리석이 깔려 있는 것을 보고 놀랐다는 이야기도 들렸다. 화장실도 호텔 수준으로 지은 덕분에 화장실을 보기 위해 공장에 견학 온 사람이 있을 정도였다.

공장을 처음 방문하는 외부 손님들은 공장 건물과 조경을 보고 화학공장이 아니라 대학 캠퍼스 같다며 감탄한다. 본관 건물 외관이 세련되고 키가 큰 소나무를 비롯한 정원수가 건물 주변을 둘러싸고 있다. 또 공장 곳곳에 전시된 미술 작품이 공장의 품격을 더한다.

조각품 가운데에는 공장 건설에 참여했던 임직원들의 이름이 빽빽하게 새겨진 기념탑이 우뚝 서 있다. 여기에는 사연이 있다.

"새로 건설하는 중합공장 가동을 한 달만 앞당기면 3억 원의 이익이 납니다. 그러니 완공을 최대한 앞당겨 봅시다. 이런 공장에서 깨끗한 폴리머까지 뽑아낸다면 얼마나 좋겠습니까. 만약 우리가 이 두 가지 목표를 달성하면 격려금으로 1억 원을 지급하겠습니다."

직원들에게 동기 부여도 하고 사기도 높일 생각이었다. 하지만 이미 공사 기간을 단축할 대로 단축해 더 이상 안 된다는 의견이 많았다. 그래서 만약 공기 단축이 어렵다면 스타트 시점에서 처음 나오는 폴리머에 이물이 나오지 않을 경우, 격려금으로 1억 원을 주겠다고 제시했다.

꼭 격려금 때문은 아니었겠지만, 모든 임직원이 열과 성을 다해 공장 건설에 매달렸다. 추운 겨울에도 이물 없는 공장을 짓기 위해 모두가 피나는 노력을 했다.

중합공장은 최초 가동이 어렵기로 유명하다. 공장이 가동되고 깨끗한 상태의 폴리머가 나오기까지 시간이 많이 소요되기 때문이다.

드디어 공장이 완공되었다. 1995년 6월 어느 날 새벽 2시쯤 첫 번째 폴리머가 깨끗한 상태로 쏟아져 나왔다.

"와!" 탄성과 함께 모두 부둥켜안고 떨 듯이 기뻐하며 눈물을 흘렸다. 공기를 앞당긴 데다 바로 깨끗한 품질의 폴리머가 쏟아져 나와 약속한 격려금 1억 원을 지급했다.

직원들은 회사로부터 받은 격려금 중 일부로 공장 앞마당에 준공 기념탑을 세우자고 제안했다. 지금도 구미3공장에 가면 땀과 열정을 쏟으며 고생한 그 당시 직원들의 이름이 새겨진 기념탑이 자랑스럽게 우뚝 서 있다.

변화와 혁신의 리더가 되라

위기에서 회사를 살린 공장

(주)새한 시절에 지은 구미3공장은 훗날 어려움을 겪던 회사를 회생시키는 데 결정적 역할을 했다. 새한은 외환위기로 유동성 위기를 겪으며 회사 자산을 일부 매각하기 위해 도레이와 접촉했다. 당시 도레이 관계자들이 구미3공장을 보고 눈이 휘둥그레지면서 깜짝 놀랐다. 20~30년 전에 지은 자신들의 공장과 비교하면 그야말로 '꿈의 공장' 같았기 때문이다.

도레이가 새한 공장들을 인수하기로 결정할 때 바로 이 구미 공장이 중요한 역할을 했음은 물론이다. 인수 가격만 봐도 이 공장의 가치를 짐작할 수 있다.

당시 우리나라는 외환위기 상황이어서 국내 공장을 매각할 때 가치를 제대로 평가받기 어려웠다. 회사나 공장들이 헐값에 매각되는 경우도 부지기수였다. 하지만 5억 달러, 우리 돈으로 당시 6,000억 원에 도레이 측은 한 푼도 깎지 않고 선뜻 인수하기로 결정했다. 1999년의 일이다.

특히 이 투자는 그 당시 우리나라 김대중 대통령과 일본 오부치 게이조 총리가 발표한 '21세기 새로운 한일 파트너십 공동 선언'으로 한일경제협력자금이 만들어진 이후 처음으로 집행되는,

소재가 경쟁력이다

경제사에 길이 남을 첫 번째 양국 투자협력의 성공적인 사례가 되었다.

구미3공장이 그렇게 매력적이지 않았다면 거래가 쉽게 이루어졌을까? 모든 임직원의 땀과 열정으로, 미래 지향적인 최신예 공장을 지어 보자는 꿈으로 건설한 공장이 결국 회사를 유동성 위기에서 살리는 중요한 역할을 한 것이다.

구미3공장의 본관 건물은 세련된 외관을 자랑한다.
건물 주변을 정원수가 둘러싸고 공장 곳곳에
미술 작품을 전시해 공장의 품격을 더한다.
조각품 가운데에는 공장 건설에 참여했던 임직원들의
이름이 빽빽하게 새겨진 기념탑이 우뚝 서 있다.

직원들의
마음을 얻다

경영자의 최고 임무

경영자에게 요구되는 여러 가지 조건이 있지만, 그중 첫 번째는 '성과'다. 지속적인 경영 성과를 창출해 성장 기반을 구축하는 것이 CEO의 기본 임무다. 아무리 인격적으로 훌륭하고, 혁신적인 경영 마인드를 가진 경영자라도 성과를 내지 못하면 경영자로서 역량과 가치가 떨어질 수밖에 없다.

기업은 이익을 많이 내 직원들에게 높은 자긍심을 심어 주고, 회사를 성장시키고 신규 사업에 투자해 일자리를 많이 만들며, 이익으로 사회에 기여해야 한다. 이것이 내가 생각하는 경영자의 자세다.

CEO는 기업을 대표해 직원, 주주, 고객을 최종적으로 책임지는

변화와 혁신의 리더가 되라

사람이다. 따라서 성과를 내기 위해 끊임없이 고민하고 노력해야 한다. 기업이 이익을 내면 주주나 직원에게만 그 이익이 돌아가는 것이 아니라 고용도 늘어나고 세금도 더 많이 낸다. 따라서 기업 활동을 열심히 하는 것은 곧 국가 경제를 위하는 일이기도 하다.

이익이 늘어나면 공장 증설과 신규 사업 투자는 물론 연구 개발비도 더 많이 쓰고 사회 공헌 활동도 더욱 적극적으로 펼칠 수 있다. 이처럼 이익을 많이 내려면 회사가 안정되고 튼튼해야 한다. 따라서 CEO는 회사의 체력 강화와 체질 개선을 위해 늘 최선을 다해야 한다.

한계를 넘는 이익에 도전하다

1999년 말에 출범한 도레이첨단소재는 빠르게 안정을 찾고 이익을 내기 시작했다. 하지만 거기서 만족할 수 없었다. 달리는 말에 채찍질하듯, 나는 시장 상황이 좋을 때 더욱 집중해서 이익을 극대화해 회사의 기반을 강화하고 싶었다.

설립 4년째인 2003년 말, 영업 이익 260억 원을 돌파하고 모

소재가 경쟁력이다

처럼 따뜻한 연말을 보내며 내년도 경영 계획을 고민했다.

'어느 정도가 좋을까?'

나는 각 부서에서 올라온 영업 현황 자료와 시장 예측 보고서 등을 검토하면서 곰곰이 생각에 잠겼다. 전년 대비 이익을 15퍼센트 늘린다면 300억 원 정도가 적당했다. 사실 이익을 15퍼센트 늘리는 것도 만만치 않았다.

하지만 최근 시장 상황을 분석하고 단기간 시황을 예측해 보니 그 이상도 가능하겠다는 판단이 섰다.

'이익 목표 400억 원!'

나는 과감하게 목표를 세웠다.

"너무 무리한 계획 아닙니까?"

회사 내부에서도 우려의 목소리가 나왔다. 터무니없다고 여기는 것 같았다. 의욕은 좋지만, 괜히 무리한 목표를 세웠다가 달성하지 못하면 그 책임은 고스란히 CEO에게 돌아올 것이었다. CEO의 평판을 위해서는 차라리 안정적인 목표를 세우고 그것을 달성하는 것이 더 좋은 방법일 수 있었다.

도레이에서도 무리한 목표라고 판단한 듯했다.

"300억 원 정도가 현실적이니, 목표를 낮춰 잡도록 하세요."

물러설 생각이었으면 처음부터 목표를 높게 잡지도 않았을 것

변화와 혁신의 리더가 되라

이다. 나는 오히려 새로운 제안을 했다.

"잘 알겠습니다. 대신 이익 목표액이 넘는 부분에 대해서는 제가 알아서 사용할 수 있도록 해주십시오."

도레이 경영진도 내 주장이 황당했던지 의아한 표정을 지으며 다시 물었다.

"도대체 이익금을 어떻게 사용하겠다는 겁니까?"

투명하고 솔직하게 공유하라

나는 '4분법'의 아이디어를 제시했다. 회사의 목표 초과 이익을 4등분하겠다는 것이었다. 이익 목표 300억 원을 초과한 금액을 4등분해서 '꼭 필요한 일'에 쓰겠다고 했다. '꼭 필요한 일'이란 미래를 위한 투자, 주주에 대한 배당, 직원의 성과급, 사회 발전을 위한 기부였다.

나는 돌아와서 직원들에게 본사에서 나눈 이야기를 전하며, 올해 이익 목표를 밝혔다. 누구 하나 싫은 표정을 짓는 직원이 없었고 의욕을 불태우며 사기가 더 높아졌다.

"할 수 있습니다! 한번 해보겠습니다!"

　　　　　　　　　　소재가 경쟁력이다

열심히 일해서 이익을 많이 내면 그 이익을 회사는 물론 직원들에게 쓰겠다는데 싫어할 사람이 있을 리 없었다. 직원들의 눈빛이 달라졌다. 모두가 한뜻으로 목표 달성에 매달렸다.

늘 하던 방식을 답습해서는 한계를 뛰어넘을 수 없다. 분명 어제보다 나아져야 한다. 누가 시키지 않아도 직원들은 그 한계를 뛰어넘기 위해 늦게까지 남아 머리를 맞대고 토론하며 현장 개선에 매달렸다.

그런 노력 덕분에 생산성은 향상됐고 불량률은 뚝 떨어졌다. 밥 먹으러 가는 동안 형광등 끄는 것을 습관화하는 등 현장에서도 더 많은 이익을 내기 위해 비용을 절감하며 허리띠를 졸라맸다. 모두가 뜻을 모아 전념한 결과 불가능할 것 같았던 목표 400억 원을 훌쩍 넘어 420억 원의 이익을 냈다. 믿을 수 없는 일이 벌어진 것이다.

직원들은 400퍼센트 가까운 성과급을 받았다. 그리고 뛰어난 경영 성과를 거둔 회사는 그해 연말 노사관리대상, 에너지관리 최우수기업상, 국가품질경영대상 등을 수상하는 쾌거를 이루었다. 성과급도 많이 받고 대외적으로도 좋은 평가를 받았으니 일거양득 효과를 거둔 셈이었다.

변화와 혁신의 리더가 되라

이후 도레이첨단소재는 꾸준히 성장해 2021년 결산 기준으로 연간 매출 2조 8,000억, 이익 2,400억이 넘는 기업이 되었다. 이익 기준으로 10배에 달하는 놀라운 성장을 기록했다.

　　우리 회사는 매분기 전 직원에게 경영 실적을 발표한다. 그리고 경영전략회의에 노조 관계자를 참여하도록 해 이익 목표와 달성 전략을 함께 짜는 등 전 임직원에게 경영 정보를 투명하게 제공하고 있다. 회사의 성과는 모든 임직원의 노력의 총합이기 때문이다.

소재가 경쟁력이다

물(水) 전쟁의 승자는
인류여야 한다

역삼투압 정수기 필터 최초 개발

대부분 가정이나 사무실에서 필수품으로 자리 잡은 정수기에도 도레이첨단소재의 앞선 기술이 숨어 있다. 정수기가 깨끗한 물을 걸러 내는 방식은 여러 가지가 있는데, 그중에서 가장 주목받는 역삼투압 분리막을 이용한 필터를 국내 최초로 개발한 회사가 바로 도레이첨단소재의 전신인 제일합섬이다.

1994년 제일합섬은 역삼투압 분리막 필터를 자체 개발하는 데 성공했다. 당시 국내 정수기 시장의 최강자인 C사의 까다로운 승인 테스트를 통과해, 1997년부터 납품하기 시작하면서 국내 가정용 정수기 필터 시장의 1위 기업으로 부상했다.

1998년에는 전기 펌프를 사용하지 않는 펌프리스 제품을 개발

변화와 혁신의 리더가 되라

해 C사가 렌탈 사업을 통해 정수기 시장을 주도하는 데 결정적 역할을 했다. 현재도 국내 주요 정수기 기업들이 도레이첨단소재가 개발한 역삼투압 분리막 방식의 필터를 사용하고 있다.

그리고 점차 해외 시장으로 눈을 돌려 중국과 인도에도 진출했다. 세계에서 인구가 가장 많은 두 나라는 음용수 상황이 좋지 않아 성장 잠재력을 비롯한 시장 가능성이 매우 큰 편이다.

핵심 기술 유출이라는 '흑색선전'

"도레이첨단소재와 웅진케미칼이 합병할 경우 웅진케미칼의 수처리 필터 등 핵심 기술이 일본 업체에 고스란히 넘어갈 수 있다."

2013년 웅진케미칼 인수를 앞둔 시점에 몇몇 언론에서 이와 같은 기사를 내보냈다. 나는 어이가 없었다. 기업이나 국적을 떠나 논리적으로 말이 안 되기 때문이었다.

도레이첨단소재의 전신인 제일합섬의 섬유와 수처리 부문을 인수한 웅진케미칼도 이 분야에서 뛰어난 기술을 가지고 있지만, 도레이의 비교 대상이 아니었다. 당시 도레이는 웅진케미칼

소재가 경쟁력이다

이 보유한 수처리 기술보다 상위 기술을 대거 보유하고 있었다.

왜 그처럼 얼토당토않은 주장이 기사화되었는지 소문의 출처를 확인해 보니, 인수전에 뛰어든 경쟁사가 퍼뜨린 흑색선전이었다.

수처리 분야에서 세계 최고의 첨단 기술을 보유한 도레이가 뭐가 아쉬워 기술 수준이 낮은 기업의 해당 기술을 빼간단 말인가?

이미 도레이는 담수, 해수, 하수, 오폐수 등의 수(水)자원 관련 기술을 넘어 신장 투석기용 필터, 혈액에서 특수 바이러스를 걸러 내는 토레믹싱 필터 등 나노 기술을 이용한 섬유로 필터를 만들어 의료기 분야에까지 진출한 상황이었다.

깨끗한 물을 만드는 기술의 중요성

수처리 필터는 가정용 정수기 외에 수자원의 재이용(reuse), 재활용(recycle)에서도 매우 중요한 역할을 한다.

기존의 수처리 공법은 수질이 나쁜 물에 응집제를 집어넣어 이물질을 침전시키고, 이어 모래를 사용해 여과한 다음, 최종적으로 염소를 투입하는 방식이었다. 이러한 정수 방식은 유지관리가 복잡할 뿐만 아니라 기술자도 부족하고, 무엇보다 정수장

변화와 혁신의 리더가 되라

으로 쓸 용지 확보와 관리도 문제다. 하지만 막을 사용한 여과법을 이용하면 자동 운전을 할 수 있고, 정수장 용지가 넓지 않아도 되며, 원수(原水)의 수질이 나쁘더라도 양호한 수질 확보가 가능하다.

산업용 분야에서 사용하는 필터는 크게 해수 담수화와 오폐수 처리용이 있다. 해수 담수화는 바닷물을 걸러 담수로 만드는 것으로, 지형상 물 부족 현상이 더 심한 중동 쪽에서 특히 수요가 높고, 자원 활용을 위해 세계 각국에서 점차 수요가 늘어나는 추세다. 우리나라도 서해안과 부산 기장 등 일부 지역에서 해수 담수화 설비를 활용하고 있다.

공장에서 나오는 오폐수를 특정 물질만 필터링해서 물을 재사용할 수 있도록 하는 기술도 전망이 매우 밝다.

기업의 생산 현장에서도 깨끗한 물의 필요성이 점점 높아지고 있다. 첨단 산업일수록 고도의 순수한 물이 필요하다. 바이오, 반도체, 디스플레이, 식품 회사는 초순수가 필요한데 도레이첨단소재는 그에 적합한 수처리 기술을 모두 갖추고 있다.

물 전쟁이 더욱 치열해지고 있다. 지구 온난화로 세계 곳곳에서 에너지 자원과 더불어 물 쟁탈전이 벌어지면서 수자원을 둘러싼 국가 간 갈등이 점점 격화되고 있다.

소재가 경쟁력이다

도레이첨단소재의 수처리 필터 사업은 기술의 고도화, 전문화를 이룸으로써 진일보하고 있다. 고기능 막 개발에 가속도가 붙어 최고 수준의 염분 제거율을 갖춘 막, 고유량 막, 정삼투 막, 부직포 기술을 활용한 막 등 다양한 차별화 제품 개발로 계속해서 시장 경쟁력을 높이고 있다. 아울러 차세대 제품인 이온교환 막도 생산 체제를 갖춰 첨단 산업에 필요한 순수, 초순수를 공급하기에 이르렀다.

최근 수처리 O&M(Operation & Maintenance, 시설 운영관리)을 전문으로 하는 한미엔텍을 인수했다. 하·폐수 처리시설 운영 관리를 통해 시설 고도화와 방류수 재이용 분야에도 진출함으로써 기존에 우리가 보유한 다양한 필터 소재 기술과 시설 운영관리를 융합해 앞으로 수처리 솔루션 종합 기업으로 성장해 나갈 것이다.

나는 물 전쟁의 승자는 기업이 아니라 우리를 포함한 인류 전체여야 한다고 생각한다. 모든 사람이 항상 깨끗하고 안전한 물을 마시고 생활에 사용하며 산업에 활용할 수 있도록, 지구의 수자원을 지키는 일이 수처리 솔루션 기업의 역할이다. 그 역할을 충실히 이행한다는 책임감을 갖고 도레이첨단소재는 끊임없이 노력할 것이다.

변화와 혁신의 리더가 되라

'막(膜)'이라면
자신 있다

배터리를 가로지르는 얇은 '분리막'

2000년대 초반 스마트폰, 태블릿, 노트북, 디스플레이 등을 필두로 디지털 제품 시장이 급성장해 모든 기기에 배터리가 사용되는 것을 보면서 배터리에 관심을 가지게 되었다. 흔히 2차 전지라고 불리는 이런 전지들은 한 번 사용하고 버리는 일반 건전지와 달리 충전해서 계속 사용할 수 있다.

그렇다면 2차 전지들은 어떻게 만들까? 2차 전지에 관심을 가지고 공부하다가 흥미로운 사실을 발견했다. 2차 전지 배터리는 양극과 음극이 있고 이들이 잘 이동할 수 있도록 운반하는 전해질이 있는데, 양이온과 음이온의 전하가 이 전해질을 타고 왔다 갔다 이동하면서 전기가 충전되거나 방전된다. 그리고 그 중간

소재가 경쟁력이다

에 양극과 음극을 나누는 분리막이 존재한다.

나는 특히 이 '분리막'에 관심이 갔다. '막(膜)'이라면 누구보다 잘 만들 자신이 있었다. 필름을 만들던 부서의 이름도 막을 만드는 부서라고 해서 '제막과'라고 불렸다. 부직포로 필터도 만들고 물을 정수하는 분리막인 수처리 필터도 만들었으니, 2차 전지 분리막도 충분히 해볼 만하다고 생각했다.

시장 조사 결과 전망이 매우 밝았다. 국내 관련 회사를 찾아갔더니 수요가 많아 생산하면 얼마든지 써줄 수 있다는 반응을 보였다.

하지만 배터리 분리막은 일본 도레이에서 하지 않는 사업이어서 기술 지원을 받을 만한 회사를 물색하던 중 일본에 있는 D사를 찾아냈다. 1980년대 중반 미국의 E사에 매각된 그 회사를 무작정 찾아갔다.

"한국 기업에 제품을 팔려면 한국에 분리막 공장을 지어야 할 것 아닙니까? 우리도 분리막 공장을 건설하려고 하는데, 함께하면 어떨까요? 저희 회사는 삼성이나 LG 같은 글로벌 기업들과 이미 공급 네트워크를 구축하고 있습니다."

상대가 긴가민가하는 것 같아 마지막으로 한마디 덧붙였다.

"혹시나 해서 드리는 말씀인데, 우리와의 합작을 거절하시더

변화와 혁신의 리더가 되라

라도 우리는 독자적으로 공장을 지을 계획입니다. 공장을 짓기 전에 마지막으로 귀사의 의견을 들어 보려고 왔습니다."

처음에는 큰 반응을 보이지 않던 회사 관계자가 갑자기 관심을 보이기 시작했다. 그 회사는 한국 시장의 가능성에 대해 이미 잘 알고 있어 내로라하는 한국 대기업과 네트워크가 형성되어 있다는 점에서 매력을 느낀 듯했다. 또 만약 우리가 사업을 시작하면 그나마 한국 대기업에 납품하던 일부 물량마저 뺏길지 모른다는 우려도 작용한 것 같았다.

한편 우리는 기술 제휴 검토와 별개로 사람을 새로 뽑아 기술 개발 준비를 해나갔다. 도레이 측에서도 한국에서 추진하는 새로운 사업에 크게 반대하지 않았다.

그런데 미팅할 때마다 분위기가 좋았는데 기대와 달리 일이 진척되지 않았다. 일본 D사에서는 최종 결정을 모기업인 미국 E사로 넘겼는데, 계속 미뤄지고 있었다.

반대하거나 다른 문제가 있다면 대응책이라도 마련할 텐데, 아무 문제 없는 상태에서 일이 진척되지 않으니 답답할 따름이었다. D사에서는 계속 기다려 달라는 말만 반복했다. 더 이상 기다리고만 있을 수 없다고 판단해 최후 통첩을 하려는데, 마침 E사에서 연락이 왔다.

소재가 경쟁력이다

"한국에 공장을 짓는 것도 좋은데, 아예 우리의 배터리 분리막 사업을 통째로 인수하는 것은 어떻습니까?"

우리 회사와 제휴하는 것은 아무 문제 없지만, E사의 내부 사업 조정에 따라 그런 제안을 하는 것이라고 했다. 기술 제휴를 문의했다가 그 회사를 통째로 사버리는 엄청난 상황에 맞닥뜨렸다.

이것은 전혀 다른 차원의 문제였다. 즉시 도레이에 보고하고 논의를 시작했다. 도레이에서도 갑자기 이 문제를 검토하느라 분주해졌다. 검토 결과, 사업 전망이 괜찮다는 결론이 나왔다. 일본 회사도 이익이 나는 상태였고, 여기에 한국 시장까지 새롭게 개척할 수 있으니 반대할 이유가 없었다.

물론 도레이 내부의 의견을 조율하고 최종 결정을 내리기까지 또 상당한 기간이 걸렸다. 사업 인수 범위와 투자 규모가 커지면서 결국 도레이가 직접 신사업을 추진하게 되었다.

그렇게 해서 2008년 한국도레이배터리세퍼레이터필름이 탄생했다. 그리고 이 분리막에 내열성과 강도를 향상시키기 위해 코팅하는 회사로 한국도레이배터리세퍼레이터필름코팅을 추가로 만들었다.

현재 한국도레이그룹에는 도레이첨단소재 외에도 도레이배터리세퍼레이터필름(TBSK), 도레이배터리세퍼레이터필름코팅

(TBCK), 스템코 등 몇 개의 관계 회사가 포함되어 있는데, 이들 중 이름이 긴 두 곳이 바로 배터리 분리막을 제조하고 코팅하는 회사다. 일본에서는 연구 개발에 집중하고, 한국에서는 생산하는 체제다. 고도의 제막 기술을 보유해 전기 자동차, 전자기기, 산업용·축전용 등 다양한 제품 포트폴리오를 갖추고 국내 고객사에 분리막을 공급하고 있다.

본사에 뉴 비지니스를 창출하다

외국계 회사의 현지 법인이라면 본사의 기술을 가지고 현지에서 생산하는 방식이 일반적이다. 배터리 분리막의 경우처럼 본사가 하지 않는 사업을 자율적으로 추진해서 본사에 새로운 비즈니스를 창출하게 하는 경우는 매우 드물다.

나는 회사 생활도 월급쟁이라는 생각을 하지 않았듯이, 그룹의 해외 자회사이지만 늘 내가 맡은 일의 주인은 나라고 생각하며 일해 왔기 때문에 그런 결과를 창출할 수 있었다.

휴대전화와 태블릿 PC의 배터리 시장을 예견하고 시작한 사업이 지금은 전기 자동차 생산이 가속화되면서 시장이 엄청나게

소재가 경쟁력이다

팽창하고 있으며, 앞으로도 지속적으로 성장할 것이다. 도로를 달리는 내연 자동차들이 모두 전기차로 바뀌고, 그 전기차마다 배터리가 들어간다면, 그 수요는 폭발적으로 늘어날 것이다.

배터리 분리막 관련 두 회사는 현지 법인인 도레이첨단소재가 추진해서 도레이의 신성장 사업으로 키워 낸 비즈니스 모델이다. 모회사와 자회사 관계라는 소극적인 입장에만 머물렀다면 이런 새로운 사업에 도전할 기회 자체를 가지지 못했을 것이다.

물론 그 과정에서 여러 가지 어려움을 겪었지만 쉽게 포기하지 않았다. 포기하지 않은 그 집념과 열정이 새로운 도전의 길을 열어 준 원동력이 되었다.

'슈퍼' 플라스틱,
새만금에 유치

섭씨 300도 고온에도 끄떡없다

일본 도레이의 기술로 만든 소재 가운데 아직 우리가
생산하지 못하는 것이 많다. 그중 국내에서 반드시 생산해 보고
싶은 것이 PPS 수지였다.

'폴리페닐렌 설파이드(polyphenylene sulfide, PPS)'라는 이 소
재는 특별한 플라스틱이다. 일반 플라스틱은 열에 약해 섭씨
150도 정도에서 표면이 녹아내린다. 하지만 PPS는 섭씨 250도
열에 노출되어도 외형이 전혀 변하지 않고, 여기에 여러 가지 충
전재를 넣으면 섭씨 300도에도 끄떡없는 초내열성 소재가 된다.
강도도 일반 플라스틱과 비교할 수 없을 정도로 강하다.

플라스틱처럼 가벼우면서 강철보다 강해 '슈퍼 엔지니어링 플

라스틱'으로 불린다. 가벼우면서 고온에 강해 금속 부품을 대체할 소재로 각광받고 있다. 특히 자동차 엔진 주변을 비롯해 열이 많이 나는 곳의 부품으로 많이 활용된다.

자동차업계에서는 연비 향상과 이에 따른 이산화탄소 감축을 위해 '부품 소재의 경량화'를 지속적으로 추진하고 있는데, 그런 조건에도 적합하다. 또한 사고나 충돌 시 운전자를 보호할 수 있도록 안전성을 향상시켜 그야말로 '금상첨화'다.

PPS는 자동차와 항공기, 전자기기 부품 소재로 점점 사용 범위가 확대되고 있는데 전 세계에서 도레이를 포함해 3개 회사만 생산할 정도로 수준 높은 기술력이 요구된다.

새만금으로 극적인 유턴

PPS는 일본 자동차업계에서 주로 자동차용 부품으로 사용되었다. 하지만 자동차 부품이 대부분 중국 공장에서 생산되기 때문에 일본에서 만든 PPS를 중국으로 보냈다. 그러자 도레이는 코스트 경쟁력을 높이기 위해 중국에 PPS를 공급할 해외 생산 기지로 동남아 국가 중 한 곳을 점찍었다.

변화와 혁신의 리더가 되라

그 이야기를 듣고 나는 곧바로 도레이를 찾아갔다.

"중국에 보낼 것을 왜 동남아시아에서 만들려고 합니까?"

당시 닛카쿠 아키히로 사장이 담담한 표정으로 대답했다.

"우리가 검토한 국가는 PPS 생산을 위한 인프라가 아주 잘 완비되어 있습니다. 또 해당 국가 정부에서 엄청난 인센티브를 주기로 했고요. 중국과 FTA까지 맺어 중국에 진출하는 데 매우 수월한 상황입니다."

짐작한 대답이었다. 몰라서 물어본 것이 아니었다.

"한국에서도 아주 잘 만들 수 있습니다. 한국이 중국과 거리도 훨씬 가깝지 않습니까?"

도레이 내부적으로 이미 동남아의 한 국가에 PPS 신규 공장을 건설하기로 거의 확정한 상태라는 것을 알고 있었지만, 어떻게든 그 계획을 바꿔 우리나라에 유치하고 싶었다.

우선, 국내에서 PPS 공장 입지로 적합한 곳을 찾아봤다. 구미 가까운 곳에 새로운 공장을 지으려고 하니 경상북도와 포항시에서 적극적으로 지원해 주겠다고 했다. 그런데 문제가 있었다. PPS 제조에 필요한 염소, 황, 벤젠 등의 원료를 주변에서 조달할 수가 없었다. 이들 원료를 생산하는 공장들이 군산이나 여수 등 전라도에 몰려 있어 물류 수송에 어려움이 컸다. 게다가 포항은

소재가 경쟁력이다

중국으로 수출하기에도 위치상 좋지 않은 조건이었다.

여러 지역을 검토하던 중 새만금이 눈에 들어왔다. 바다를 매립한 땅이어서 허허벌판이나 다름없고, 유틸리티를 공급하는 공장과 원료 생산 공장이 인근에 있어 원료를 조달하기도 쉬웠다. 향후 큰 배가 드나들 수 있는 군산 신항이 건설될 계획이어서 완공 후 군산항을 이용하면 중국과의 물류도 수월할 것 같았다.

전라북도청을 찾아가서 협조를 요청했다. 당시 김완주 도지사는 공장 유치에 강한 열정을 드러내며 아낌없이 후원해 주겠다고 약속했다.

"공장을 유치할 수 있다면 뭐든지 협조하겠습니다."

중앙 정부에도 지원책을 요청하고 협조를 구했다. 산업통상자원부로부터 도레이가 동남아 국가에서 얻을 수 있는 것 못지않은 다양한 정책적 인센티브를 제공할 수 있다는 답을 받았다.

PPS 공장 유치를 위한 모든 준비를 해놓고 닛카쿠 아키히로 사장을 다시 찾아갔다.

"지금 PPS 공장을 동남아 쪽에 신설하기로 거의 결정한 것을 잘 알고 있습니다. 그런데 우리가 한국에 PPS 공장을 짓지 않으면 다른 회사가 지을 겁니다. 그렇게 되면 앞으로 한국에 PPS 공장은 들어올 수 없을지도 모릅니다. PPS 공장이 완공되기 전에 한국과 중국 간 FTA도 체결됩니다. 게다가 한국은 중국과 지리적으로 훨씬 가깝고 물류 비용도 적게 듭니다. 동남아 국가가 제시한 각종 인센티브를 한국에서도 모두 제공한다면 한국에 공장을 짓는 것이 더 유리하지 않겠습니까?"

나는 오래전부터 마음에 두고 있던 PPS 사업을 다른 나라에 빼앗기고 싶지 않아 열변을 토했다. 말 한마디 한마디에 힘을 실어 내가 얼마나 강한 의지를 품고 있는지 보여 주었다. 차분하게 듣고 있던 사장이 고개를 끄덕이는 모습에서 희망이 느껴졌다.

나는 도레이의 수지케미컬 사업본부장을 만나 한국의 장점을 설명하면서, 공장 신설 계획을 바꾸도록 설득했다. 이야기를 마치고 나니 알 수 없는 확신이 느껴졌다.

아니나 다를까, 며칠 지나자 도레이 내부 분위기가 완전히 바뀌었다는 소식이 들려왔다. 곧이어 새만금국가산업단지가 후보지로 최종 확정됐다는 낭보가 전해졌다.

'끝날 때까지 끝난 것이 아니다'라는 말이 있듯이, 이미 결정된 일이라고 포기했다면 PPS 공장 유치는 절대 성공하지 못했을 것이다. 철저히 준비해 의사결정자가 최종 결정을 뒤집도록 대안을 제시한 결과, 새로운 PPS 공장을 극적으로 유치할 수 있었다.

동남아 국가들과의 치열한 경쟁 속에서 새만금이 PPS 공장

입지로 최종 선택된 데는 산업통상자원부와 전라북도의 적극적인 지원이 큰 역할을 했다. 물론 사업의 미래 성장 가능성도 큰 영향을 미쳤다.

PPS 공장은 새만금국가산업단지에 입주한 첫 번째 대규모 공장이자 처음으로 입주하는 외국 투자 기업이며, 국내 첫 PPS 생산 공장으로 역사에 남게 되었다. 아울러 대중국 전진 기지로서 새만금 시대를 여는 기폭제가 되었다.

바다 매립지의 악조건을 넘어

"이 허허벌판에다 1년 반 만에 공장을 지을 수 있겠습니까?"

새만금에 공장을 짓기로 결정한 뒤, 닛카쿠 아키히로 사장과 함께 새만금을 방문했다. 이미 입지에 대해 알고 있었지만, 허허벌판을 직접 보니 걱정이 되는 모양이었다.

"네, 가능합니다."

나는 자신 있게 대답했다. 그렇게 대답할 수밖에 없는 상황이었다. 안 되는 일이어도 되게 만들어야 했다. 만약 안 되면 한국

변화와 혁신의 리더가 되라

으로 끌어오기 위해 들인 각 부문들의 지원과 노력이 모두 물거품이 되는 것 아닌가.

닛카쿠 아키히로 사장이 돌아간 뒤 본격적으로 공장 건설 작업을 시작했다. 그런데 문제가 한두 가지가 아니었다. 공장을 지으려면 지반이 튼튼해야 하는데, 바다를 매립해 조성한 땅이라서 지반이 단단하지 않은 점이 가장 큰 난관이었다.

건물을 지으려면 땅에 말뚝을 박는 파일링(piling) 작업을 한다. 구미에 공장을 지을 때는 지상에서 보통 12~15미터 정도 파일을 박으면 단단한 바위가 나와 거기에 파일을 고정시켰다. 그런데 새만금은 38~40미터 정도 박아야 간신히 파일을 고정시킬 수 있었다. 건물 공사에 필요한 수천 개의 파일을 40미터 가까이 박으려니 보통 작업보다 서너 배는 더 힘들었다.

게다가 바닷바람이 너무나 거셌다. 특히 한겨울에는 바다 쪽에서 불어오는 칼바람이 살을 에는 듯 매서웠다.

"이렇게 추운 겨울은 처음입니다."

공장 건설을 위해 일본에서도 상당수 기술자가 들어왔는데, 다들 새만금의 겨울 추위에 놀라는 표정이었다.

여러 가지 악조건을 이겨 내며 고생한 끝에 1년 반 만에 예정대로 공장이 완공되었다. 촉박한 일정에 맞추기 위해 정말 많은

소재가 경쟁력이다

사람이 엄청 고생했다.

2020년 준공식에는 산업통상자원부 장관을 비롯해 새만금개발청장, 전라북도 도지사, 닛카쿠 아키히로 사장, 그리고 거래선 관계자 등 많은 사람이 참석해서 축하해 주었다.

1년 반 전에는 아무것도 없던 허허벌판 매립지에 첨단 공장이 우뚝 선 모습에 참석자들은 몹시 놀라워했다. 참가자들 모두 '새만금의 기적'이라며 감격스러워했다.

도레이첨단소재의 새만금 공장은 해외에 건설된 도레이의 첫 번째 PPS 공장이다. 이로써 도레이는 수지와 화합물 등 PPS 관련 제품 세계 1위 기업으로서 글로벌 경쟁력을 더욱 강화해 사업 경쟁력뿐 아니라 기술 경쟁력을 한 단계 높여 나갈 기반을 마련했다.

도레이 기술을 한 단계 업그레이드

새만금 공장은 일본 도레이의 PPS 공장보다 한 걸음 더 나아가 원료까지 함께 생산하는 일관 공장으로 건설되었다. 도레이의 경우 원료를 거래선에서 구매해 PPS만 제조하는 데 반해, 새만금에는 앞 단계인 원료 생산 공정부터 시작해 PPS 수지

변화와 혁신의 리더가 되라

(resin)와 컴파운드(compound)까지 최종 제품에 이르는 일관 공정을 구축해 놓았다. 이처럼 모든 공정을 갖춘 곳은 전 세계에서 도레이첨단소재가 유일하다.

도레이첨단소재는 코스트 경쟁력과 품질 경쟁력, 도레이의 풍부한 경험을 십분 활용해 PPS 사업을 조기에 성공시켰다.

도레이첨단소재의 지속적인 성장을 이야기할 때 도레이의 우수한 기술이 먼저 언급되지만, 본사가 가진 기술만으로는 이 자리까지 올 수 없었을 것이다. 이전 기술을 한 단계 더 발전시키고 공정을 혁신하며 더 싸고 더 좋은 품질, 고부가가치 소재를 공급하기 위해 끊임없이 노력해 왔기 때문에 오늘날과 같이 성공했다고 자부한다.

도레이첨단소재는 2023년 초 연간 5,000톤의 PPS 수지를 추가로 증설하기로 결정했다. 이로써 국내 최대인 연간 1만 3,600톤 규모를 갖추고, 국내 공급망 안정화는 물론 수출 확대를 통해 글로벌 경쟁력을 더욱 강화해 나갈 것이다.

도레이첨단소재의 사업 목표는 남들이 못하는 것, 안 하는 것, 그리고 없는 것을 만들어 최고로 경쟁력 있는 소재를 세상에 공급하는 것이다.

소재가 경쟁력이다

1년 반 전에는 아무것도 없던 허허벌판 매립지에
첨단 공장이 우뚝 선 모습에 참석자들 모두
'새만금의 기적'이라며 감격스러워했다.

기저귀가
방역용 마스크로 변신하다

마스크 대란 해결에 나서다

코로나19로 전 세계가 팬데믹 상황을 맞이한 2020년 초 마스크 대란으로 온 국민이 혼란에 빠졌다. 봄철 미세먼지 때문에 사용하던 마스크가 방역용품이 되면서 심각한 공급 부족 사태를 맞았다.

약국이나 마트에서 몇백 원이면 구할 수 있던 마스크를 웃돈을 줘도 살 수 없는 상황이 되자 마스크를 사기 위해 약국마다 줄을 서는 진풍경이 벌어졌다.

급기야 정부는 마스크 공급 안정을 위해 마스크 5부제라는 강력한 정책까지 꺼내 들었다.

당시 우리나라에서만 하루에 2,000만 개가량의 마스크가 필

소재가 경쟁력이다

요한 것으로 추정되었다. 그런 상황이 계속되다 보니 기존 생산 시설로는 도저히 공급을 감당할 수 없었다. 많은 업체가 앞다퉈 마스크 생산에 뛰어들었지만, 마스크를 만들고 싶어도 원료인 부직포 필터가 없어 손을 놓고 있었다.

"우리가 한번 나서 보자."

전 인류의 위험 상황을 지켜볼 수만은 없어 우리가 가진 기술을 활용해 해결 방법을 모색하기 시작했다.

도레이첨단소재의 주요 제품 중 하나인 스펀본드 부직포는 기저귀 등 위생재용, 필터용, 농업용, 산업자재 등으로도 널리 활용된다. 우리 회사는 아시아 1위 부직포 메이커로, 그중 대부분을 아기 및 성인용 기저귀, 생리대 등 위생용품 소재로 공급하고 있었다.

코로나19라는 긴급한 상황을 맞아 우리는 기존 기저귀용 부직포를 생산하던 위생재 라인을 마스크 필터용 생산 라인으로 긴급히 전환했다.

바이러스를 차단할 수 있는 정전기 차징(charging) 처리 기술을 개발해 공기가 부직포를 통과할 때 정전기를 이용해 미세먼지나 바이러스 등을 흡착해서 걸러 내도록 했다. 기저귀용 소재에는 적용하지 않던 '정전기'라는 특성을 지닌 부직포를 만든 것이다. 똑같은 원료를 사용하지만 가공 기능을 부여했기 때문에 기능이 완전히 달랐다.

우선 급한 불부터 꺼야 했다. 공장을 풀가동해 마스크용 원단 공급에 최선을 다했다.

일반 마스크는 외피와 내피에 쓰이는 스펀본드 부직포와 필터 역할을 하는 멜트블론(melt blown, MB) 부직포를 각각 따로 생산한 다음 접합하는 과정을 통해 마스크 완제품을 만들어 낸다. 하지만 우리는 신속한 기술 개발로 한 라인에서 두 가지 부직포를 복합해 한 번에 만드는 독자적인 혁신 공정으로 마스크용 부직포를 생산했다.

따라서 기존보다 5배 빠른 속도로 제품을 생산할 수 있었다. 하루에 13톤, 대략 660여만 장의 마스크를 생산할 수 있는 부직포를 공급함으로써 국내 마스크 품귀 현상을 해소하는 데 크게 기여했다.

이 일이 알려지면서 당시 국무총리가 공장을 방문해 생산 라인을 바꾸면서까지 신속하게 마스크용 원료 증산에 힘써 주었다며 감사 인사를 전하고 임직원들을 격려했다.

　　　　　　　　　　　　　　　　소재가 경쟁력이다

국민 건강에 이바지했다는 자부심

　　우리 회사가 생산한 마스크용 부직포가 시장에 대량 공급되면서 마스크 제조업체들의 숨통이 조금 틔었다. 당시 원료 부족으로 마스크값이 천정부지로 오른 상황이어서 원료값도 덩달아 치솟았다.

　공급 가격을 올려도 없어서 못 팔 정도였으니, 이익을 얻겠다고 마음먹었다면 단기간에 큰 수익을 거뒀을 것이다. 그러나 코로나19로 많은 국민이 고통받는 상황에서 그 기회를 틈타 지나친 이익을 취하는 것은 기업의 역할이 아니라고 여겨, 관련 부서 직원들에게도 마스크용 원단 공급과 관련해 단호하게 지시를 내렸다.

　"우리가 기저귀용 부직포를 만들 때보다 마진을 1원도 더 붙이지 마세요."

　마음 같아서는 공짜로 공급하고 싶었지만 우리도 원료를 사다가 제조하는 입장이니 최소한의 이익은 어쩔 수 없었다.

　어쨌든 높은 시민의식과 방역 당국 등 많은 이의 노력 덕분에 마스크 공급이 크게 늘어나면서 안정을 되찾았고, 마스크도 충분히 비축할 수 있었다.

사람의 생명과 안전을 좌우할 수 있는 일이었기 때문에, 전 직원이 국민의 건강에 이바지했다는 자부심을 갖게 된 것만으로도 이익 이상의 충분한 보답을 받았다고 생각한다.

소재가 경쟁력이다

사람의 생명과 안전을 좌우할 수 있는 일이었기 때문에,
전 직원이 국민의 건강에 이바지했다는
자부심을 갖게 된 것만으로도
이익 이상의 충분한 보답을 받았다고 생각한다.

최고경영자의
세 가지 덕목

선견력, 리더십, 균형감각

직장생활 50년 가운데 절반 가까이를 CEO로 일하다 보니 자연스럽게 '화학업계 최장수 CEO'라는 영광의 타이틀을 얻었다. 지금은 도레이첨단소재 회장과 함께 도레이첨단소재, 스템코, 도레이배터리세퍼레이터필름, 도레이배터리세퍼레이터필름코팅 등 도레이 관련 계열사를 총괄하는 한국도레이그룹 대표를 겸임하고 있다. 모두 화학 및 배터리 관련 소재를 만드는 회사다.

또한 일본 도레이의 집행 임원도 맡고 있다. 현지 기업 CEO로서 본사 경영에 참여할 수 있는 집행 임원을 맡는 것은 조금 특별한 경우다.

본사 집행 임원으로 활동하려면 한국도레이 대표로서 각 기업의 관리도 중요하지만, 근본적으로 해당 국가의 정책이나 경제, 산업 정책과 상황들을 면밀하게 파악해 새로운 사업을 발굴하거나 기업의 성장 동력을 확보할 수 있는 인사이트를 가져야 한다.

나는 CEO에게 필요한 세 가지 덕목으로 선견력(先見力), 리더십, 그리고 균형감각을 꼽는다. 도레이 중흥의 아버지로 불렸던 고(故) 마에다 가츠노스케(前田勝之助) 명예회장이 평소에 강조했던 말이기도 하다. 경영자라면 앞날을 예견해 선제적으로 투자하거나 차별화된 신제품을 개발하고, 유연한 리더십으로 조직을 이끌며, 균형감각을 갖고 세상을 볼 수 있어야 한다.

선견력의 기반은 탄탄한 현장력이다. 제품이나 서비스 기술의 흐름을 잘 파악해야 미래를 예측할 수 있기 때문이다. 섬유산업으로 출발한 도레이첨단소재가 지속적으로 성장을 거듭해 온 동력은 경쟁업체들이 생각하지 못한 IT용 필름과 탄소섬유 등 새로운 시장을 예측하고 선제적으로 투자하여 대응했기 때문이다. 현재 사업이 잘된다고 머물러 있거나 성장 가능성이 낮은 분야에 투자한다면 계속 발전할 수 없을 것이다.

리더십은 조직을 이끌어 나가는 힘이다. 강력한 카리스마로

변화와 혁신의 리더가 되라

조직을 이끄는 경영자도 있지만, 나는 부드러운 리더십이 더 중요하다고 여긴다. 권위적인 것을 싫어하고, 화를 내거나 큰소리치는 것도 좋아하지 않는다. 냉철하지만 따뜻하게 대화하고 매 순간 직원들을 진심으로 대하며 그들의 이야기를 많이 들으려고 노력한다.

균형감각은 시장이나 기술, 제품, 기업 경영 모든 면에서 어느 한쪽에 치우치거나 쏠리지 않고 객관적으로 볼 수 있는 감각을 의미한다. 나이가 들고 경험이 쌓일수록 오히려 편향된 생각을 갖기 쉽다. 성공한 경험이 오히려 편향적 사고의 원인으로 작용하기도 한다. 하지만 경영자라면 균형 잡힌 시각으로 세상을 봐야 한다.

CEO의 일 가운데 가장 중요한 것은 비전(vision) 제시다. 미래지향적인 목표를 세우고 부단히 노력하며 직원들과 비전을 달성할 수 있도록 솔선수범해야 한다.

'자기가 하기 싫은 일은 다른 사람에게도 시키지 마라(己所不欲勿施於人).'

『논어』〈위령공편〉에 나오는 이 말은 어려운 일일수록 말로만 하기보다 솔선수범해야 한다는 뜻이다. 리더라면 어려운 일에 부딪힐수록 말이 아니라 행동으로 솔선수범해야 한다. CEO는

소재가 경쟁력이다

구성원들에게 지시하는 사람이 아니라 구성원들이 마음을 열고 따라올 수 있도록 모범을 보이는 사람이다.

의사결정 원칙 I.O.C

현장에서는 직접 부딪치며 문제를 해결했지만, 경영자가 되고 나서는 의사결정이 무엇보다 중요하다는 것을 깨달았다. CEO란 결국 최종 의사결정자다. CEO의 결정에 따라 직원이나 회사의 운명이 바뀔 수도 있다는 생각에 신중을 기할 수밖에 없다.

나는 CEO로서 의사결정할 때 중요하게 생각하는 원칙이 있다. 영어의 앞 글자를 따서 I.O.C라고 표현하곤 한다.

첫째는 혁신(innovation)이다. 의사결정을 할 때는 그 일이 혁신적인지 먼저 생각한다. 나는 예전 방법과 똑같이 일하는 것을 매우 싫어한다.

1994년에 완공된 도레이첨단소재 구미3공장은 내가 건설본부장을 맡아 기획부터 완공까지 총괄 지휘했다. 당시 공장 건설을 위해 기존 공장들의 문제점을 모두 정리한 자료를 바탕으로 설계업체들을 불러 함께 머리를 맞대고 해결 방안을 고민했다. 물론 비슷한 사례를 따라 해도 큰 문제 없지만, 몇십 년 지나도 최고로 남을 수 있는 공장을 만들고 싶었다. 과거에 머물지 않고 혁신해야 새로운 차이를 창출할 수 있다.

둘째는 기회(equal opportunity)다. 특히 앞에 'equal'을 넣어 동등하고 균등한 기회가 주어지도록 고려한다. 내가 하는 일이 어떤 사람에게는 득이 되지만 어떤 사람에게는 억울할 수 있기 때문에, 그런 일이 발생하지 않도록 최대한 노력한다. 주주에게는 이익이 되지만 직원에게는 손해가 되는 일이라면 선뜻 결정할 수 없다. 그 반대 경우도 마찬가지다.

서로 의견이 대립하는 상황에서 갈등을 최소화하려면 동등한 조건에서 어느 한쪽이 손해를 보거나 이익을 보지 않도록 해야 한다.

셋째는 공헌(contribution)이다. 의사결정을 할 때는 그 일이 모두에게 공헌할 수 있는지 고민한다. 작게는 직원들과 회사에 공헌할 수 있어야 하고, 크게는 우리 사회와 국가 발전에 공헌할 수 있어야 한다.

소재 기업으로서 새로운 분야에 뛰어들 때도 이러한 '공헌' 요소가 중요한 기준이 되었다. 환경과 산업에 도움이 되는 새로운 기술은 회사나 직원들에게도 도움이 된다. 반면 아무리 돈이 되는 사업이라도 사회에 해가 된다면 추진할 수 없다. 지속 가능한 성장을 할 수 없다면 그 결과는 뻔하다. 나는 그동안 일과 사업을 통해 회사와 사회, 국가, 나아가 인류 발전에 공헌하고 기여한다는 원칙을 지키려고 노력해 왔다.

10년 전 입사 40주년을 맞아 임직원들로부터 기념패를 받았다. 그 기념패에 임직원들이 나를 표현한 문구가 문득 떠오른다.

'변화와 혁신, 도전의 CEO.'

그 어떤 수식어보다 나에게는 최고의 찬사라는 생각이 들었다. 50년 직장생활 내내 I.O.C라는 의사결정 원칙을 세우고 그것을 바탕으로 언제나 변화하려 노력했고, 과거와 다른 새로운 방법으로 혁신하기 위해 고민했으며, 안 되는 일도 반드시 이루겠다는 마음으로 도전했다. 그런 자세가 경영자로 살아오는 동안 흔들리지 않게 중심을 잡아 주었다.

세계 최초에서 세계 최고까지

새로운 가치 창조를 통해 사회에 공헌하다

1926년에 설립된 도레이는 일본을 비롯해 한국, 중국, 동남아, 미국, 유럽 현지에 진출해 크게 6개 사업군을 운영하며 전 세계 고객에게 비즈니스 솔루션을 제공하고 있다.

도레이는 레이온 섬유로 시작해 나일론, 폴리에스터 등 3대 합성섬유를 모두 제조했으며, 이후 유기합성화학, 고분자화학, 바이오테크놀로지, 나노테크놀로지 등 4대 핵심 기술을 통해 필름, 플라스틱, 전자재료, 탄소섬유 복합재료, 의약·의료 등 다양한 분야로 사업을 확장해 발전시켜 왔다. 2022년 현재 29개 국가 여러 지역에서 약 4만 9,000여 명이 일하고 있다.

주요 사업군은 석유, 섬유, 기능성 화장품, 탄소섬유 복합재료, 환경엔지니어링, 생명과학 등 6가지다.

도레이는 폴리에스터 직물과 필름, 탄소섬유 복합재료, 혈액 정화기 등 세계 최고 넘버원(number one) 소재 제품 21개, PPS 필름, 폴리이미드 컬러필터 등 세계에서 도레이만이 가능한 온리원(only one) 제품 7개, 그리고 PAN계 탄소섬유, 천연형 인터페론 베타 제제, 말초순환 장애 치료약 등 세계 최초 퍼스트원(first one) 제품 10개를 보유한 글로벌 첨단 재료 기업이다. 일상생활에서 첨단 산업 분야에 이르는 필수 핵심 소재 개발과 공급을 통해 인류의 삶의 질 향상에 크게 기여해 왔다.

이러한 신소재, 신제품 개발에는 도레이 연구 개발의 혁신 DNA가 자리 잡고 있다.

더 깊게, 더 새롭게(The deeper the newer)

도레이는 깊이 파고들어 극한을 추구해 왔다. 예를 들면, 일반섬유 실(絲)의 굵기인 10마이크로미터(μm)에서 시작해 끊임없이 노력한 끝에 1마이크로미터의 마이크로 섬유에 이어 10나노미터(nm)의 나노 섬유까지 개발했다. 지구에서 달까지 가는 데 마이크로 섬유는 450그램이 필요한 데 반해, 0.15그램만으로 가능한 나노 섬유를 개발하는 등 '도레이의 극한 추구 정신'을 실천하고 있다.

불굴의 집념으로 이뤄 낸 꿈의 신소재 탄소섬유 개발은 세계적으로 유명하다. 1961년 아크릴 기반의 탄소섬유 개발을 시작으로 탄소섬유 소재의 무한한 가능성을 찾아낸 도레이는 1971년 상업 생산을 시작한 이후 '검은 비행기를 띄워 보자'는 사업 비전을 세웠다.

사업화하기까지 R&D 비용만 1조 3,000억 원이 들었다. 지속적인 적자로 인해 '돈 먹는 벌레'라는 따가운 시선에 시달리기도 했다. 그러나 항공기 분야에 도전하기 위해 낚싯대와 같은 레저스포츠용품부터 시작해 꺾이지 않는 노력을 거듭한 결과, 마침내 세계적인 항공사 비행기의 꼬리와 날개에 이어 동체에까지 도레이 최고 품질의 탄소섬유와 탄소섬유 복합재료를 사용하는 성과를 거둬 '검은 비행기'의 꿈을 실현했다.

이로써 비행기의 무게가 줄어 에너지 절약은 물론 온실가스 감축에도 기여하는 등 환경친화적 소재로 매우 각광받고 있다. 최근에는 전기차, 수소차, 풍력발전, 로봇, 전기전자, 건축 등 적용 범위가 점점 확대되어, 산업계에 소재 부품 사업에 대한 장기적 관점의 투자와 시간이 얼마나 중요한지 알려 주는 비즈니스 사례로 인식되고 있다.

화학으로 이루는 혁신

도레이는 자사가 보유한 핵심 기술에 역량을 집중하는 것으로 유명하다. 이는 기업의 슬로건 '화학으로 이루는 혁신(Innovation by Chemistry)'에도 잘 나타나 있다.

전 세계 소비자들에게 잘 알려진 유니클로의 히트텍, 에어리즘 등도 도레이의 기술로 탄생한 것이다. 도레이는 시대와 시장의 급격한 변화를 예견하고, 2006년 유니클로와 전략적 파트너십을 맺었다. 핵심인 섬유와 케미컬 분야에서 축적한 기술력을 발휘해 이전에 없던, 소비자에게 꼭 필요한 소재를 수년간 함께 개발함으로써 화학 소재 산업계에 '새로운 비즈니스 모델'을 창출했다.

또한 소재에서 상품 기획, 개발, 생산, 물류까지 일체화시킨 토털 인더스트리를 실현해 이상적인 경영 사례로 많이 회자되었다.

도레이는 글로벌 첨단소재 기업으로서 R&D에 대한 적극적인 지원, 장기적이며 담대한 투자, 그리고 불굴의 집념으로 새로운 가치 창조를 실현하고 있다.

도레이는 '소재에는 세상을 바꾸는 힘이 있다'라는 신념을 가지고 소재 개발과 혁신을 위해 그동안 부단히 노력해 왔듯이, 앞으로도 인류의 지속 가능한 삶을 위해 더욱 매진할 것이다.

Chapter 4

현장에
답이 있다

화공학도,
삼성에 입사하다

화학공업이 들불처럼 일어나다

"우리나라의 공업은 바야흐로 중화학공업 시대로 접어들었습니다! 따라서 정부는 중화학공업 육성 시책에 중점을 두는 중화학공업 정책을 선언하는 바입니다!"

1970년대 초, 우리나라는 경제개발 5개년 계획에 따라 국가 경제성장 동력으로 '중화학공업'을 선택했다. TV를 켜면 뉴스 첫머리마다 안전모를 쓰고 산업 현장을 시찰하는 정·재계 인물들이 등장하곤 했다. 굴뚝에서 연기가 솟아오르는 공장을 배경으로 한 뉴스 장면 또한 낯설지 않았다.

그 시절을 살아온 사람들에게 중화학공업이란 어떤 느낌이었을까? 오늘날 '4차 산업혁명'이나 '디지털 혁신'처럼 미래에 대한 꿈과 희망을 실현해 주는 분야로 여겨졌을 것이다.

물론 사람마다 '중화학공업 시대'의 선언을 다르게 받아들이겠지만, 내게는 '화공학도의 시대'가 열렸다는 말로 들렸다. 중화학공업을 육성하려면 그 근간이 되는 화학공학의 역할이 필수라고 생각했기 때문이다.

말 그대로 화학공업 분야가 들불처럼 급성장했다. 많은 젊은이가 이 분야로 뛰어들면서 화학공학은 최고 인기를 누렸다. 대학마다 관련 학과가 신설되고, 기업에서는 전공자들을 대거 모집했다. 국가가 사활을 걸고 정책적으로 지원했기 때문에 취업 준비생들의 관심도 높을 수밖에 없었다.

나도 그런 희망을 꿈꾸던 젊은이 중 하나였다. 홍익대 화학공학과 졸업반이던 나는 중화학공업 정책을 선언한 1973년 가을, 삼성그룹 공채에 응시했다.

까다롭다는 '삼성고시'를 통과하다

당시에도 삼성그룹은 취업 준비생들이 선호하는 직장이었다. 경쟁률이 무척 높은 데다 신입사원 채용 과정이 까다롭

소재가 경쟁력이다

기로 유명해 '삼성고시'라는 말이 생겨날 정도였다.

채용 전형 1차 관문인 필기시험은 영어, 전공, 상식, 논술까지 총 네 과목이었다. 필기시험은 잘 본 것 같았다. 전공 과목은 만점이었고, 논술에서도 운이 따랐다. 당시 논술 주제가 '이공계가 사회 발전에 기여하는 방안'이었던 것으로 기억하는데, 평소 신문 사설을 꼼꼼히 읽으면서 예상하고 준비했던 주제 범위에서 크게 벗어나지 않아 당황하지 않고 자신 있게 서술했다. 그 덕분에 우수한 성적으로 필기시험을 통과했다.

그다음 관문은 면접이었다. 당시 삼성의 면접과 관련해 재미있는 소문이 돌고 있었다. 성적과 능력만 보는 것이 아니라 관상 전문가가 배석해 지원자의 명운(命運)을 살핀다는 소문이었다.

어떤 질문을 할지 몰라 바짝 긴장한 채 면접 장소로 향했다. 지원자들이 몇 차례 들어가고 나오기를 반복했다. 어떤 지원자는 만족스럽게 대답했는지 환한 표정으로 나왔고 또 다른 지원자는 제대로 대답하지 못했는지 굳은 표정이었다.

순서를 기다리는 동안 대기 중이던 지원자들은 어떻게 하면 조금이나마 단서를 얻을까 싶어 먼저 면접을 치른 사람들을 붙잡고 물어보곤 했다.

"어떤 질문을 하던가요?"

현장에 답이 있다

초조한 마음에 나도 귀동냥을 했다.

이윽고 내 순서가 되어 세 명이 함께 면접장 안으로 들어갔다. 긴장한 탓인지 처음에는 아무것도 보이지 않았으나, 마음을 가다듬고 나니 면접위원 뒷줄 가운데 앉은 중년의 신사가 눈에 들어왔다. 극도로 긴장한 상태였지만 이병철 회장이라는 사실을 바로 알 수 있었다.

달랑 질문 하나로 끝난 면접

나는 함께 들어간 세 사람 중 가운데 앉아 차례를 기다렸다. 옆 사람이 먼저 질문을 받았다. 꽤 까다로운 질문도 있었지만 언제 군대에 다녀왔느냐는 사소한 질문도 있었다. 애써 외면하는 척하면서 나라면 어떻게 대답할지 부지런히 머리를 굴렸다. 물론 같은 질문을 할 것 같지는 않았다.

드디어 면접위원의 시선이 내게 향했다. 찰나의 순간이었지만 긴장감이 최고조에 달했다. 심장 뛰는 소리가 느껴질 정도였다. 입사 지원서와 내 얼굴을 번갈아 보던 면접위원의 입술이 움찔하는 것이 보였다.

소재가 경쟁력이다

"홍익대학교에 화학공학과가 언제 생겼죠?"

나는 생각보다 쉬운 질문에 순간 당황했지만 최대한 침착하게 대답했다.

"1968년입니다."

면접위원은 잠시 서류를 보며 뭔가 확인하는 듯하더니 바로 옆자리 면접자에게 시선을 돌려 질문을 이어 나갔다. 그것으로 끝이었다. 이것이 면접장에서 내가 받은 유일한 질문이었다. 면접을 준비하면서 마음속으로 수없이 되뇌었던 답들을 한마디 해 볼 기회조차 얻지 못한 채 허무하게 면접이 끝나 아쉬움이 컸다.

면접위원들이 던지는 질문량과 수준은 곧 그 사람에 대한 관심의 척도라고 할 수 있다. 질문을 많이 받으면 그만큼 관심이 많다는 것이고 합격할 가능성도 높아진다는 의미일 수 있다. 그런데 나는 질문을 달랑 한 개밖에 받지 못했고, 그마저 다른 사람들의 질문에 비하면 시답잖은 것이었다.

'아, 탈락이구나.'

가슴속에서 알 수 없는 감정들이 솟구쳐 올라왔다. 우수한 성적으로 필기시험에 통과했는데 면접에서 탈락하다니. 성적과 달리 가능성이 보이지 않는 인물이란 뜻일까? 수많은 생각이 스쳐 갔다.

현장에 답이 있다

기대와 실망이 뒤섞인 초조한 마음으로 합격자 발표를 기다렸다. 결과는 놀랍게도 합격이었다. 나중에 알아보니 많은 질문을 받은 내 옆의 두 지원자는 탈락이었다.

출신 대학의 화학공학과가 언제 생겼느냐는 대단치 않은 질문 하나로 면접을 끝낸 이유는 무엇일까? 지금도 가끔 그날 면접을 떠올리면 궁금하다.

나는 첫 번째로 원했고 첫 번째로 응시했던 회사에 입사하게 되어 마침내 간절히 바라던 삼성맨이 되었다.

소재가 경쟁력이다

현장이
좋은 이유

현장에서 실력을 쌓다

1973년 10월, 신입사원 수습 기간을 거쳐 처음으로 발령받은 곳은 경북 구미의 제일합섬 섬유공장 건설 현장이었다. 1972년 설립된 이후 처음으로 제일합섬은 폴리에스터 원면 공장을 건설 중이었다. 그 당시 나는 공장이 완공되면 곧바로 그 공장을 가동할 대졸 신입사원 자격으로 채용된 것이었다.

대졸 엔지니어로 입사했지만 일할 공장이 완공되지 않았기 때문에 건설 현장의 기초 작업에도 참여해야 했다. 건축공사를 마치고 기계 설치작업, 배관작업, 전기작업 등 잠시도 숨돌릴 틈 없이 바쁘게 시간이 지나갔다.

공장 내 기숙사 102호. 장판 깔린 바닥에 책상 한 개가 전부인 작은 방에서 3명이 함께 생활했다. 지금 생각하면 답답해서 어떻게 지냈나 싶지만, 그때는 불편하다는 생각조차 하지 못했다.

아침 6시에 일어나 구내식당에서 아침 식사를 하고 공사 현장에 나가 콘크리트를 다졌다. 지금은 기계가 그런 일을 하지만 그당시에는 콘크리트를 붓고 나면 빈 공간 없이 잘 들어가도록 뾰족한 대나무로 계속 쑤셔 댔다.

공장에서 건설 일까지 했지만, 힘든 와중에도 제법 재미있었다. 오히려 공장이 완공되면 최첨단 폴리에스터 중합, 원면 생산을 할 수 있다는 기대감에 한껏 부풀어 있었다. 그 당시 우리나라에는 제대로 된 화학공장이 손에 꼽을 정도였기 때문에 새로운 기술을 배울 수 있다는 기대감에 고된 줄도 몰랐다.

입사 동기 중에는 육체노동을 힘들어하는 친구도 있었다.

"대학 나와서 이런 일까지 해야 돼?"

결국 불만을 느낀 몇몇 동기는 회사를 떠났다. 요즘도 그렇지만 당시에도 지방 현장보다 깔끔한 도시 사무실에서 일하고 싶어 하는 사람이 많았다.

모두가 열망하는 삼성에 입사했으니 어쩌면 당연한 생각일지도 모른다. 하지만 나는 입사 초기부터 본사 사무실 근무에는 마음이 없었다. 기초와 원리를 배울 수 있는 현장이 가장 중요하

소재가 경쟁력이다

다고 생각했다. 공대 출신 엔지니어라면 당연히 현장에서 직접 배우며 실력을 쌓아야 한다고 여겼기 때문이다.

한창 건설 중인 공장에서 근무하는 데는 많은 고생이 따랐다. 그러나 내가 일할 공장을 직접 짓는 것 또한 흔치 않은 기회라고 생각했다.

그때 동료들과 동고동락하며 견뎌 낸 시간들은 지금까지도 삶의 무게를 지탱하는 큰 자산이 되고 있다. 현장에서 땀 흘리며 고생한 우리는 경제성장의 주역 중 하나였음을 자부한다.

어색한 흰 와이셔츠와 넥타이

1973년에 입사한 이후 줄곧 구미공장에서 근무했는데 1993년 1월 1일 갑자기 본사 경영기획실로 발령받았다. 입사한 지 20년 만에 처음으로 서울 사무실에서 근무하게 된 것이었다.

사실 그 무렵 현장에서 잇달아 일어난 안전사고로 아끼고 사랑하는 동료와 부하들을 잃은 상심과 자책감이 너무 커 사표를 내고 회사를 떠나려 마음먹고 있었다. 내가 괴로워한다는 것을 알게 된 박흥기 사장이 마음을 다잡고 심기일전할 수 있도록 서

현장에 답이 있다

울로 불러올린 것이었다.

늘 작업복 차림으로 출근하다가 흰 와이셔츠에 넥타이를 매고 사무실로 향하려니 조금 어색하기도 했다.

하지만 경영기획실 근무는 생산 현장과 다른 새로운 일들을 보고 배울 수 있는 좋은 경험이 되었다. 특히 사장과 함께 매월 한두 차례 다닌 해외 출장은 공장에만 있던 나에게 세상을 좀 더 넓은 시각으로 바라볼 수 있는 좋은 기회였다. 경영기획실에 근무하는 1년 반 동안 해외 출장을 30여 차례나 다녀왔다.

무엇보다 사람을 대하는 사장의 세심한 배려와 매너 등 경영자에게 필요한 자질을 곁에서 보고 배울 수 있었다.

박 사장은 현장에서 올라온 보고서를 읽다가 막히면 나를 불러 이것저것 묻곤 했다. 현장 지식과 경험이 많아 경영기획실장 일을 잘 수행한다고 판단했던 것 같다.

그러던 어느 날 사장이 그룹의 L회장을 독대하러 가게 되었다. 그룹 회장을 직접 만나는 것이니, 다른 임원에게 회장께 보고할 사안을 정리하라고 지시했다. 하지만 그 임원은 능력이 뛰어나긴 하지만 다른 회사에서 온 지 얼마 안 되어 아직 회사 사정을 정확히 파악하지 못할 것 같아 조금 걱정되었다.

'회장이 만족할 만한 보고서를 작성할 수 있을까?'

불안했던 나는 혹시 모를 상황에 대비해 따로 보고서를 준비했다. 회사 현황과 문제점을 철저히 분석하고 그에 대한 개선 방안을 꼼꼼하게 담았다.

얼마 후 사장이 보고서 준비를 지시했던 임원과 나를 사장실로 불렀다. 보고서를 읽은 사장은 뭔가 미흡하다는 표정이었다.

"자네 생각은 어떤가?"

사장의 물음에 잠시 망설이다가 내가 준비한 보고 자료를 꺼냈다. 전배 온 지 얼마 안 된 그 임원에게는 미안했지만 회사를 위해서는 어쩔 수 없었다. 직책을 떠나 사장을 제대로 보필하는 것이 더 중요하다고 여겼다. 게다가 그룹 회장을 만나는 엄중한 자리 아닌가. 사장은 내 보고서를 보더니 흡족한 표정을 지었다. 사장은 그 보고서로 회장 보고를 성공적으로 마쳤다.

일신보다 회사의 자존심을 지키다

"이영관이 부사장이나 된 듯 행동하던데."

보고서 사건으로 인해 사내에서 나를 시기하는 사람이 적지 않게 생겨났다. 사장의 신임은 얻었지만, 일부 임직원들의 견제

현장에 답이 있다

를 받게 되었다. 그런데 또 한 가지 사건이 터졌다.

박 사장과 도레이에 가서 마에다 가츠노스케 회장을 만났다. 그 자리에서 마에다 회장이 우리 일행에게 앞으로 원고(高)-엔저(低) 현상이 올 텐데, 어떤 대책을 세우고 있는지 물었다. 유감스럽게도 함께 출장 간 임원들 모두 머뭇거리기만 할 뿐 선뜻 대답을 내놓지 못했다.

일행 중 내가 제일 하급자였다. 만약 내가 나서면 상급자들을 무시하는 상황이 될 수도 있어 입을 꾹 다물고 있어야 마땅했다. 그렇지만 상급자의 위신이나 내 일신의 안녕보다, 도레이 회장 앞에서 우리 회사 임원 모두가 무능한 사람 취급당하는 것을 지켜보기만 할 수가 없었다. 회사 대표의 일원으로서 마에다 회장을 만나는 자리인 만큼, 우리 모두가 회사의 얼굴이고 자존심이었다.

"저희는 원고 상황이 올 거라고 생각하지 않습니다."

나는 망설이지 않고 그렇게 생각하는 이유를 다소 우회적으로 길게 설명했다. 마에다 회장이 말없이 고개를 끄덕였다.

하지만 이후 나는 상급자들의 눈 밖에 나고 말았다. 당시에는 조직 문화가 엄격해서, 내 행동이 그리 좋게 보이지 않았던 것이다. 보고서 사건과 일본 출장 건으로 동료 직원들은 물론 상급자들에게까지 눈총을 받는 상황이 되었다.

이때 박 사장이 내 처지를 고려해 다시 구미공장으로 내려가서 나의 '본업'을 계속할 수 있도록 발령을 냈다.

서울에서 근무하는 1년 반 동안 구미공장 건설 프로젝트를 기획했는데, 마침 삼성그룹으로부터 약 6,000억 원 규모의 신공장 건설 프로젝트 결정이 떨어졌던 것이다.

"이제 그룹에서 승인도 났으니, 자네가 구미에 내려가서 공장을 직접 짓게."

이렇게 해서 1년 반의 '외유'를 마치고 새로운 공장 건설이라는 꿈같은 계획을 안고 현장으로 돌아왔다.

현장의 소통은 곧
'죽고 사는 문제'

현장 사나이들을 사로잡은 '큰형님'

화학공장에는 각종 위험 물질이 매우 많다. 그런 곳에서 잔뼈가 굵어 사람과 사람 간 소통이 얼마나 중요한지 누구보다 잘 알고 있다. 현장에서의 소통이란 단순한 의사 소통 차원이 아니라, 죽고 사는 문제와 직결되는 매우 중요하고 긴박한 문제다.

화학 산업 현장은 일반 제조업 현장과 결이 조금 다르다. 장치 산업이다 보니 원료 투입에서부터 제품 출하까지 제조 과정이 눈에 잘 드러나지 않는다.

생산 공정이 매끄럽게 돌아가려면 위 공정과 아래 공정, 앞 공정과 뒤 공정이 정확하게 연결되어야 한다. 따라서 각 공정에서 일하는 직원들 간의 의사소통이 가장 중요한 요소다.

소재가 경쟁력이다

소통이 제대로 되지 않아 만에 하나 사고가 발생하면 목숨을 잃을 수도 있다. 따라서 나는 간부 시절부터 직원들 간의 원활한 소통을 각별히 신경 써왔다.

의사소통은 규정으로 정해 놓고 따르기만 하면 되는 것이 아니다. 전문 지식을 익힌다고 잘할 수 있는 것도 아니며, 교육으로 가르친다고 해결되는 것도 아니다. 서로 마음이 통해야 한다. 조직의 벽을 없애고 소통을 활성화하려면 과장이나 부장 단위 조직 책임자의 역할이 중요할 수밖에 없다.

강력한 리더십을 앞세워 군대식으로 직원들의 기강을 세우려는 현장 관리자도 있지만, 나는 큰형이 동생을 대하듯 부드러운 자세가 더 중요하다고 생각했다. 조직에 활기를 불어넣고 함께 일하는 사람들 간에 정이 넘치는 일터를 만들고 싶었다.

현장 사나이들과 정을 쌓으려면 때론 술이 필요했다. 그래서 작업반장들과 함께 일과 후에 술집을 돌며 현장에서 다 하지 못한 이야기들을 나눴다. 술값을 주로 내가 부담하다 보니 월급이 남아나지 않았다.

아내에게는 미안한 일이지만, 과장 때부터 이사가 될 때까지 월급을 제대로 갖다주지 못했다. 다만 보너스는 몽땅 아내에게 바쳤다. 교사로서 고지식하기 그지없는 아내는 남편을 무조건

믿었다. 내가 술값 대느라 봉급을 털어먹는 줄도 모르고 알아서 저축하고 있으려니 생각했단다.

안주가 떨어지는 날이 없던 우리 집

"과장님, 저 김 반장입니다. 저희 지금 한잔하는데, 나오시죠."

밤 10시 반, 느긋하게 거실에 앉아 텔레비전을 보고 있는데 전화가 걸려 왔다. 워낙 자주 있는 일이라서 놀라지도 않았다. 화학 공장은 1년 365일 하루 24시간 연속으로 돌아가기 때문에 예전에는 3교대로 근무했다. 물론 지금은 4조 3교대가 많다.

10시 근무 교대를 마친 직원들은 피로를 푼다며 종종 술잔을 기울였다. 이런 전화를 받으면 주섬주섬 옷을 챙겨 입고 즐거운 마음으로 나가서 함께 어울렸다. 퇴근 후 다시 가동되는 '제2의 현장(?)'인 셈이었다.

이렇게 불려 나가 합석할 때도 있지만, 직원들이 우리 집으로 몰려올 때도 많았다. 자기들끼리 술 마시다가 밤 12시에 한잔 더 하겠다며 쳐들어오기도 했다. 그런 일이 반복되자 우리 집

소재가 경쟁력이다

은 언제든 술집으로 변신할 수 있게끔 만반의 준비를 갖추게 되었다.

과장, 부장 시절 나는 한 달에 한 번 가족과 부산 나들이를 했다. 자갈치시장 2층 단골집에서 술안주로 쓸 건어물을 장만하기 위해서였다. 한 달 치 술안주를 한꺼번에 구입해 우리 집에는 안주가 떨어질 날이 없었다.

직원들 단합 대회는 더 각별히 신경 썼다. 구미에서 선산으로 가는 길목에 일선교(一善橋)라는 다리가 있는데, 여름이면 직원들과 함께 일선교 아래에 모여 즉석 파티를 열곤 했다. 주메뉴는 닭백숙과 민물고기 매운탕이었다.

겨울에는 금오산관광호텔에서 직원들과 가족들을 초청해 수시로 모임을 가졌다. 그러다 보니 직원은 물론 직원 가족들끼리도 정겹고 애틋한 정이 쌓였다.

방생한 물고기를 낚다

요즘 젊은 사람들에게는 낯선 일이겠지만, 과거에는 현장에서 친밀한 인간관계를 맺으며 어울리는 것이 소통의 기본

현장에 답이 있다

이었다. 근무 시간이든 퇴근 후든 직원들이 찾으면 언제든 달려 나가고, 땀 흘리며 함께하는 일을 마다하지 않았다.

부장 시절에는 '제일합섬 구미공장 낚시회 회장'이라는 큼지막한(?) 감투를 쓰기도 했다. 하지만 나는 낚시를 좋아하기는커녕 낚시에 대해 전혀 몰랐다. 부하 직원들에게 억지로 떠밀려 낚시회 회장을 맡는 바람에 당시 월급 100만 원 중에서 절반인 50만 원을 털어 낚시도구를 장만했다. 그런 다음, 날을 잡아 회원들과 함께 경주 감포 해변으로 낚시를 갔다.

낚싯대를 드리우고 한참 기다렸지만 남들과 달리 내 낚싯대에는 물고기가 도통 달려들지 않았다. 물고기도 내가 초보라는 것을 아는 모양이었다. 명색이 회장인데 한 마리도 잡지 못해 회원들 앞에서 민망했다. 그런 내 마음을 알아차린 아내가 포항 죽도 시장으로 달려가 물오징어를 한 상자 사다가 소주를 곁들여 즉석 파티를 열어 주었다.

그러던 어느 날 동호회원들과 경주 덕동댐으로 민물낚시를 갔다. 한 시간쯤 낚싯대를 드리웠는데도 입질이 전혀 없었다. 그런데 어느 순간부터 작은 물고기가 잡히기 시작했다. 신나서 물고기를 건져 올렸다. 회원들끼리 "방금까지 없던 물고기가 갑자기 어디서 나타났지?" 하면서 신기해했다.

그런데 나중에 알고 보니 그 물고기들은 우리 회사 사택 부녀회에서 4월 초파일 '부처님 오신 날'을 맞아 방생한 것이었다. 위쪽에서 방생한 물고기를 아래쪽에서 낚시로 건져 올린 셈이었다. 요즘 말로 웃픈 상황이었다.

직원들과 함께한 이런 시간들은 책 한 권을 써도 모자랄 정도다. 회사 안팎에서 쌓아 온 끈끈한 정과 눈빛만 봐도 뜻이 통하는 엄청난 조직력이 회사의 발전에 밑거름이 됐음은 물론이다.

현장에서 부하 직원들과 소통하고 직원들 간의 소통을 강화하기 위해 내가 선택한 방법은 먼저 마음을 열고 다가가서 상대방의 마음을 얻는 것이었다. 소통의 진정성과 즐거움을 통한 일종의 '마음 나누기'였다. 순박한 사나이들과 소통하려면 그 어떤 리더십보다 마음을 여는 것이 최우선임을 오랜 현장 경험을 통해 알게 되었다. 마음을 열면 그 누구든 포용할 수 있다.

모두의 '땀'으로 쓴
최고의 오버홀 매뉴얼

벽에 붙인 대형 종이 50장

1981년 폴리에스터 공장의 중합과장으로 발령받고 곧바로 15일에 걸친 공장 오버홀(overhaul) 작업에 들어갔다. 오버홀 작업이란 전 공정을 중단하고 대대적으로 정비하는 것을 말한다. 24시간 쉬지 않고 가동되는 장치 산업의 경우에는 중간에 기계를 멈춰 세울 수 없기 때문에 정기적으로 '대청소'를 한다. 내가 중합과장으로 오기 직전에 안전사고가 있었기 때문에 안전에 더욱 만전을 기했다.

오버홀 작업에 들어가면 먼저 기계 청소부터 진행한다. 작업 공정의 원료인 에틸렌글리콜(ethylene glycol)을 섭씨 240도로 펄펄 끓인 다음, 높은 압력의 에틸렌글리콜 증기가 기계 속에

소재가 경쟁력이다

눌어붙은 폴리머 찌꺼기를 씻어 낸다.

이 작업에는 엄청난 위험이 따른다. 오버홀 작업을 위해 증기 상태로 만든 원료에 공기가 섞여 들어가면 대형 폭발이 일어날 수 있기 때문이다. 더구나 며칠 연속 교대로 작업하기 때문에, 인수인계 과정에서 지난 공정에 대한 점검을 소홀히 하면 대형 사고가 일어날 위험이 크다.

작업을 지휘하는 내가 한순간 판단을 잘못하면 공장이 통째로 날아갈 수도 있었다. 직원은 물론 공장 인근 주민들의 안전까지 위협할 수 있는 작업을 앞두고 걱정과 고민이 깊어졌다. 어떻게 하면 오버홀을 안전하게 마칠 수 있을까? 지금까지는 이렇게 위험한 작업을 주먹구구식으로 해왔던 것이다.

그전에는 일본에서 기술을 들여오고, 그에 맞춰 공장을 짓는데 급급해 정작 공장 건설보다 더 중요한 공정관리, 특히 안전관리에 대한 관심이 상대적으로 낮았다. 그러다 보니 안전관리 매뉴얼조차 없었다. 아무리 경황없더라도 제대로 된 안전관리 매뉴얼을 마련하는 것이 시급했다.

따라서 작업 과정을 단계마다 체계적으로 정리해 모든 작업자가 공유할 필요가 있겠다고 결론 내렸다. 그런데 방대한 작업 과정을 어떻게 기록할 것인가가 문제였다. 궁리 끝에 공장 벽면에

현장에 답이 있다

대형 종이 50장을 붙이라고 지시했다. 직원들은 종이를 붙이면서도 의아한 표정이었다.

벽면에 종이를 다 붙인 뒤 그 용도에 대해 설명했다. 종이에 각자 진행한 오버홀 작업을 시간대별로 기록하도록 한 것이다. 대형 종이 게시판을 '정보 공유의 장'으로 활용하자는 아이디어였다.

모두가 의미를 알아차리고 작업을 마칠 때마다 꼼꼼하게 기록을 남겼다. 앞 공정 작업자가 한 일을 기록하고 퇴근하면, 뒤이어 교대로 들어온 사람들이 그 기록을 보고 다음 작업에 임할 수 있었다. 또한 그들도 다음 교대 근무자를 위해 작업 기록을 남겼다.

직원들은 3교대로 작업을 진행했지만, 관리감독자인 나는 작업하는 15일 통틀어 30시간도 채 자지 못하며 오버홀 작업을 진두지휘했다. 안전 또 안전을 강조한 결과 다행히 아무 사고 없이 오버홀 작업을 마쳤다.

의무실로 실려 가다

오버홀 기간 내내 어찌나 긴장했던지 화장실에 갔더니 소변이 갈색이었다. 그리고 작업이 끝나자 마침내 긴장이 풀려

극도의 피로감이 몰려왔다. 결국 탈진하는 바람에 의무실로 실려 가고 말았다.

이후에도 오버홀 작업을 할 때마다 같은 방식으로 작업 기록을 남겼다. 그렇게 했더니 방대한 작업 기록이 쌓였다. 이렇게 마련된 공정별 기록은 나중에 작업 표준서로 정리되어 지금도 도레이첨단소재의 오버홀 표준 매뉴얼로 사용되고 있다.

당시 도레이의 공정 매뉴얼이 있었지만, 구체적인 행동지침으로 쓰기에는 부족했다. 결국 현장에서 일하는 모든 사람이 정성껏 기록한 내용으로 최고의 매뉴얼을 만들었다. 기술 제휴선이나 설비 공급업체에서 받은 것이 아니라, 모든 직원이 직접 쓰고 정리해서 만든 생생한 매뉴얼이라는 점에서 더욱 의미있었다.

모두 '나'보다 '우리'라는 의식과 '회사의 일'이 아니라 '내 일'이라는 사명감으로 똘똘 뭉쳐 이루어 낸 결실이었다.

현장에 답이 있다

현장은 방심을
허용하지 않는다

가장 아끼던 동료를 잃다

1990년대 초반, 생산부장에서 생산담당 임원으로 재직
한 3~4년은 직장생활 50년 가운데 가장 힘든 시기였다. 그즈음
유독 사고가 많았다. 운동하다가 갑자기 쓰러져 죽은 직원도 있
고, 이런저런 사망사고가 연이어 일어났다.

화학 산업 현장에서는 잠시 잠깐의 방심도 허용하지 않는다.
잘못된 판단으로 순식간에 사고가 일어나는 경우도 있다. 그런
데 그런 일이 연이어 일어나자 무엇에 씌었나 싶을 정도로 망연
자실할 수밖에 없었다.

굉장히 아끼던 한 직원이 사고로 사망한 직후 그의 아버지가
회사로 찾아와서 내 손을 꼭 잡고 말했다.

소재가 경쟁력이다

"부장님, 아들이 가끔 집에 내려올 때마다 이야기를 했습니다. 이영관 부장님하고 같이 일하는 게 좋다고요."

그 이야기를 듣고 직원의 아버지와 붙잡고 펑펑 울었다.

그중에서도 너무나 가슴 아파서 잊을 수 없는 일은 가장 아끼던 두 직원을 한꺼번에 잃은 것이다. 안전 수칙을 지키지 않아 발생한 어처구니없는 사고였다.

1990년대 초반 당시 우리는 1년 기간으로 외부 컨설팅 회사와 혁신 활동을 추진 중이었다. 우리가 생산하는 제품의 품질과 생산성을 획기적으로 향상하기 위한 이 활동에 전 직원이 참가했다. 이 활동 과정에서 특히 중합과는 칩에서 검은 이물질이 발생하는 원인을 찾아내는 것이 과제였다. 당시 중합과에서는 폴리머가 중합관 상부에 붙어 있다가 오랜 시간 열화되어 검게 이물질화된다는 가설을 세우고 이를 증명하기 위해 중합관 내부로 들어가는 시도를 감행했다.

중합관 내부에 들어갈 때는 반드시 중합관 안의 잔류 가스를 없애기 위해 공기로 치환한 뒤 시작해야 한다. 누구보다 똑똑하고 현장을 잘 아는 간부가 문제 해결에 집중한 나머지 중요한 원칙을 깜빡 잊은 채 확인도 하지 않고 중합관에 들어갔다가 질식해서 쓰러지고 말았다. 바깥에서 그 모습을 본 후배 직원도 급한

현장에 답이 있다

마음에 안전장치와 수칙을 잊은 채 선배를 구하려고 뛰어들었다가 두 사람 모두 목숨을 잃고 말았다. 그때의 사고는 지금까지도 잊을 수 없는 깊은 상처로 남아 있다. 그래서 TV에서 비슷한 사고 뉴스를 접할 때마다 너무나 안타깝고 가슴이 미어진다.

사고로 동료를 잃을 때마다 가슴 찢어지는 슬픔과 고통을 참을 수가 없었다. 멀쩡하게 일하러 간 아빠가 싸늘한 주검이 된 상황을 어느 유가족이 받아들일 수 있겠는가. 유가족을 보면 너무나 비통해 모두 내려놓고 싶은 심정이었다.

사표를 쓰다

'내가 무슨 낯으로 여기 앉아 있나.'
직원들의 사망 사고를 마무리하고 나서 사표를 냈다. 도저히 더 이상 회사를 다닐 수 없다는 생각뿐이었다. 부하 직원을 제대로 챙기지 못한 죄책감에 너무나 괴로웠다. 더 이상 면목도 없고 동고동락해 온 직원들의 얼굴을 똑바로 보기가 힘들었다.

하지만 회사에서는 끝까지 사표를 만류했다. 직원이 사고로 사망한 것은 매우 유감스러운 일이지만, 내 책임만은 아니라면서

소재가 경쟁력이다

설득했다. 당시 경영진을 비롯해 나를 아는 모든 사람이 만류했지만 그런 말을 들을수록 나 자신에게 더 화가 났다. 정말 동생 같고 가족들과도 가깝게 지냈기 때문에 도저히 견딜 수가 없었다.

공장장이나 관리본부장의 말도 통하지 않자 사장이 직접 전화를 걸어 설득했지만, 나는 끝까지 고집을 꺾지 않았다. 전화로도 안 되자 사장이 직접 구미공장으로 내려왔다.

"안전사고는 절대로 일어나선 안 되지만 자네만의 잘못이 아니네. 그러니 제발 마음을 접게."

두 시간 동안 이어진 설득에 어쩔 수 없이 사표를 집어넣을 수밖에 없었다.

결국 사장의 강력한 설득 끝에 현장에서 안전사고의 근본적인 원인을 뿌리 뽑겠다는 각오를 다지며 사표 의사를 접었다. 나는 안전사고의 원인을 본격적으로 찾아 해결하기로 마음먹었다.

현장관리 원칙을 만들다

'도대체 왜 이런 사고가 반복될까?'

그전까지 없던 사고가 갑자기 빈번하게 일어나는 원인을 생각

현장에 답이 있다

해 보았다. 달라진 공장 환경을 파악하고 그 변화가 공장에 어떤 영향을 끼쳤는지 분석한 결과, 두 가지 일이 겹치면서 현장관리가 제대로 이루어지지 않았다는 문제점을 발견했다.

하나는 현장관리 인력 부족이었다. 그즈음 생산기술센터를 새로 조직하면서 현장의 대졸 사원을 대거 차출했다. 한꺼번에 40여 명의 대졸 간부·주무급 사원이 빠져나가 현장관리 인력이 크게 부족해졌다. 현장관리가 제대로 이루어지지 않자 과장, 부장까지 정신없이 바빴다. 그러다 보니 많은 부분이 불안 요소를 안고 있었다. 이처럼 현장관리 인력이 절대적으로 부족한 상태에서는 언제든 안전이 위협받을 수 있었다.

또 다른 문제는 컨설팅 과제 수행이었다. 그즈음 외부 기관에 위탁해 경영 혁신 활동을 전개하고 있었는데, 일본인 컨설턴트들과 함께 현장 문제의 근본 원인을 찾아 해결책을 마련하는 활동에 올인하느라 상대적으로 현장을 챙겨 볼 시간이 없었다.

그로 인해 현장이 정상적으로 관리되지 않았고, 사고도 많이 일어났다. 그러잖아도 현장 인력이 부족한데 장기간 프로젝트 활동을 전개하다 보니 현장 직원들은 현장 업무하랴, 컨설팅 과제하랴 정신이 없었다.

현장이 정상적으로 가동되고 안정되어야 품질도 개선하고 새로운 제품도 개발할 수 있는데, 현장이 불안전하니 득보다 실이 컸다. 장기적으로 더 잘되기 위해 여러 가지 활동을 진행하려다가 오히려 현장에서 제일 기본인 안전이 무너져 사고가 연이어 발생하는 결과를 초래했던 것이다.

원인을 파악한 뒤 확고한 현장관리 원칙을 정했다.

첫째, 우수 인력을 현장에 우선 배치한다.

둘째, 현장 최우선 지원 원칙을 세우고 현장의 애로사항, 발안 사항을 최우선으로 해결한다.

셋째, 현장 내 정보와 기술을 공유하고 소통한다.

넷째, 현장의 불안전 요소를 제거하고 실질적인 안전교육을 시킨다.

이런 원칙이 지켜지기 시작하면서 차츰 안전사고가 줄어들었고 공정 또한 안정화되면서 품질과 수율도 향상되었다.

나는 사장이 된 후 가능하면 현장에 있는 인력을 대책 없이 이동시키지 않았다. 시스템이 충분히 갖춰져 인력의 필요성이 줄어들었을 때만 이동시킨다. 현장에서 대규모 인력이 빠져나가야 할 때는 안전 가동에 지장이 없는지 충분히 검토한 뒤 필요한 조치를 마련하고 인력 조정을 실행하도록 하고 있다. 또한 자동화·합리화를 시행한 후 인력을 조정한다는 원칙을 지켜 오고 있다.

현장에 답이 있다

안전관리의 목표는 '제로(zero)'

　　안전은 기업 경영에서 가장 중요한 최우선 요소다. 안전 사고가 발생하면 개인적 불행과 손실은 말할 것도 없고, 회사도 직간접적으로 손실을 입는다. 또한 조직의 분위기가 가라앉고 사기도 떨어져 생산성에 영향을 끼치는 등 유무형 손실로 이어 질 수 있다. 안전관리 법규나 그에 따른 처벌 문제에 앞서 사람 의 생명 및 건강, 나아가 인생에 관련된 것이기 때문이다.

　　안전관리는 기업의 경영관리 중에서 가장 어렵고 중요한 부문 이다. 다른 부문은 해당 관리에서 요구하는 목표 수준이 따로 있 지만, 모든 안전관리의 목표는 '제로(zero)'다. 몇 명까지 죽어도 된다거나 몇 명까지 다쳐도 관계없다는 안전관리란 있을 수 없 다. 안전관리에서는 단 한 사람도 다치거나 죽어서는 안 된다. 이 것은 절대적인 원칙이다.

　　'안전사고 제로'를 실현하려면 설비 보전관리, 공정관리, 인사 노무관리, 품질관리 등 현장의 모든 관리가 유기적으로 연결되 어야 한다. 예를 들어, 설비 보전관리가 제대로 안 되어 기계 고 장이나 트러블이 자주 발생하면 그것을 고치려다가 더 큰 안전 사고가 발생할 수 있다. 설비가 잘 돌아갈 때는 안전사고도 일어

소재가 경쟁력이다

나지 않는다. 설비관리가 제대로 이루어지지 않아 자주 고장나는 불안정한 상태에서 작업하다가 사고가 나는 것이다.

인사·노무관리 역시 마찬가지다. 관리자들은 늘 작업자들이 일하기 전에 충분히 잤는지, 집안 걱정하느라 일에 집중하지 못하는 것은 아닌지 살펴 면담하고, 애로사항이 있거나 컨디션이 좋지 않은 사람은 현장 작업에서 배제하도록 해야 한다. 인사·노무관리를 잘해 위험한 행동을 방지하는 것도 안전사고를 예방하는 지름길이다.

현장에 인력을 적절하게 배치하는 배대관리와 공정관리 등이 제대로 이루어지지 않으면 감당하기 어려운 작업을 계속 맡게 되고, 그러다 보면 피로가 쌓여 안전사고 위험에 노출될 수밖에 없다.

또한 품질관리가 제대로 되지 않아 계속 불량품이 나오면 그 불량품을 없애기 위해 현장이 바쁘게 움직이고, 비정상적인 작업들이 발생할 수 있다.

안전사고를 제로화하려면 공장 내 모든 관리를 철저히 실행해야 한다. 안전사고는 이처럼 불안전한 상태와 불안전한 행동이 겹쳐 일어난다.

도레이첨단소재는 그동안 안전과 환경 문제에 그 어느 기업보다 잘 대처해 왔다고 생각한다. 게다가 도레이의 안전 최우선 문화가 결합해 더욱 꼼꼼하고 철두철미하게 안전을 관리하고 있다.

100여 년에 걸쳐 축적된 도레이의 안전관리 매뉴얼은 굉장히 디테일하다. '5 WHY 원칙'에 의거해 사고 원인을 분석하고, 그 분석을 통해 사고 원인의 본질을 제거한다. 물론 많은 회사가 그런 방식의 안전 관리 제도를 갖추고 있지만 실행이 제대로 이루어지지 않는 경우가 있다.

도레이첨단소재의 안전 문화는 특별하다. 매년 사장을 포함한 250여 명의 경영진, 간부, 안전관리 담당자 등이 참석하는 안전 서밋을 열고 주요 안전 활동 내용을 공유하며 문제점과 개선점 등에 대해 토론한다. 또한 월간 경영 회의에서도 안전 보건 관련 주요 사항들을 심의, 의결하고 환경 안전 관련 주요 이슈에 대해 보고하며 관련 정보를 공유한다.

'안전은 모든 것에 최우선하며, 부하의 안전은 상사가 지킨다.' 이것이 현장 안전에 대한 도레이첨단소재의 기본 자세다.

회사가 새한에서 도레이로 바뀌고 나서 가장 좋아진 것이 무엇이냐고 직원들에게 물어보면, 대다수가 안전관리 강화를 첫째로 꼽는다. 그렇다 보니 평소에 위험하다고 느끼지 않았던 부분에서도 불안전 요소가 많다는 것을 깨달았다고 한다.

습관적이고 무의식적으로 해오던 일상의 업무에서 위험을 발견하는 것이 변화의 시작이다. 도레이첨단소재는 그 어느 회사보다 안전한 회사가 되기 위해 항상 최선을 다하고 있다.

태풍이 불기 전에
대비하라

모두를 생각하는 구조조정도 있다

기업의 생산성을 높이려면 인력을 적재적소에 배치해 비용 낭비 없이 일에 참여할 수 있도록 해야 한다. '고비용 저효율 구조'를 '저비용 고효율 구조'로 개선하기 위해 끊임없이 노력해야만 높은 생산성을 유지할 수 있다.

생산성 향상을 위한 출발점은 낭비 요인을 제거하는 것이다.

1994년 임원으로 승진해, 나는 구미에 있는 공장들을 총괄하는 사업장장이 되었다. 신입사원으로 구미공장에 처음 발령받은 지 21년 만에 구미 사업장장이 된 최초의 인물이자 공장의 산증인이었다. 무려 21년 동안 구미공장에 있었으니 사실 모르는 직원이 없고, 모르는 공정이 없다고 해도 과언이 아니었다.

소재가 경쟁력이다

또한 그 누구보다 공장들의 구석구석에 있는 문제점에 대해 잘 알았다. 내 눈에는 개선해야 할 부분이 너무 많이 보였다.

당시 구미공장에는 2,000명 정도 직원이 근무하고 있었는데, 업무에 비해 상당히 많은 편이었다. 당장 경영에 큰 문제가 없다고 비대해진 인력을 그대로 유지하면 경영 효율성이 떨어질 뿐만 아니라 위기 상황에 취약할 수밖에 없다.

태풍이 몰아친 다음에 보수 작업을 하면 늦는다. 위기가 닥친 다음에 구조조정하려고 하면 조직이 쑥대밭처럼 되고 만다. 따라서 위기가 닥치기 전에 구조조정을 해야 한다. 미리 대비하면 내보내는 사람이나 떠나는 사람이나 여유 있게 앞날을 생각하면서 결정할 수 있다.

이곳을 가장 잘 아는 내가 정리하지 않으면 어느 누구도 노조와 맞서 해결할 수 없다고 생각했다.

구미공장에서는 특히 간접 부문의 인력을 효율화하는 것이 선결 과제였다. 당시 공장에는 지게차가 54대 있었는데, 지게차 1대마다 3교대 근무 시스템에 따라 3명의 기사가 있다 보니 지게차 기사만 162명이나 되었다. 공장 규모나 업무에 비해 지나치게 많았다. 그렇지만 엄연한 조직 구성원을 하루아침에 내보낼 수는 없었다.

현장에 답이 있다

고민 끝에 지게차 54대를 기사들에게 각각 불하하고, 이들을 소사장화해 개인 사업자로 일하도록 바꾸었다. 또한 30명 가까이 되는 통근버스 및 손님용 차량 기사도 소사장화로 전환해 개인 사업자로서 일하게 했다.

이런 방침에 해당 업무 직원들은 당황할 수밖에 없었다. 평생 조직의 테두리 안에서 일해 왔기 때문에 당연한 반응이었다. 하지만 개인 사업자가 된 지게차 기사들은 확실한 고정 일을 하면서 더 규모를 키워 다른 일도 가능해짐으로써 기회를 잘 살리면 새로운 삶을 개척할 수 있었다.

직장인이라면 누구나 언젠가 직장을 떠나야 한다. 그것이 조직 구성원의 숙명이다. 소사장 전환은 직원 입장에서도 좋은 상황에서 새로운 기회를 찾을 수 있어 나쁘지 않았고, 회사 입장에서도 고정 비용을 줄일 수 있는 방법이었다.

구내식당도 비슷한 상황이었다. 당시 식당 근무 인력은 30명이 넘었다. 식당 인력으로는 너무 많았다.

이런 상황을 개선하기 위해 구내식당 운영을 전문 급식업체에 위탁하고 인력과 장비를 이관하도록 했다. 이 조치에 노사협의회가 맹렬히 반대하고 나섰다. 급식업체가 이윤을 가져가니 직원들에게 제공되는 음식의 질이 그만큼 떨어질 거라는 우려 때문이었다.

사실 전문 급식업체는 쌀이나 반찬거리를 대량구매하기 때문에 구입 단가가 우리와 비교할 수 없을 정도로 낮다. 따라서 이윤을 감안하더라도 같은 돈으로 훨씬 좋은 음식을 제공할 수 있으니 걱정하지 않아도 된다며 설득했다.

실제로 전문 급식업체에 구내식당 운영을 위탁한 이후, 음식의 맛이나 질이 훨씬 좋아졌다. 그 변화를 체감한 노사협의회 관계자나 직원들은 더 이상 불만을 제기하지 않았다.

젊은 사람이 입사하고 싶은 기업

공장 인력을 효율화하기 위해 다른 사업장에서 인력 요청이 오면 가장 우수한 인력을 선발해서 보내 주었다.

다른 사업장의 인력 충원 요청에 적극 대응함으로써 구미공장의 인력을 사전에 조정할 수 있었다. 직원이 필요한 다른 공장이나 본사, 연구소 등에 적극적으로 인력을 보냈다. 물론 구미공장 노조에서는 우리도 여유가 없는데 사람을 빼가면 남은 사람들이 힘들어진다며 불만을 나타냈다.

현장에 답이 있다

나는 인력 요청이 오면 주저없이 구미공장에서 가장 적임자를 보내 주었다. 또한 요청을 기다리지 않고, 이러저러한 자격을 갖춘 직원들이 우리 공장에 있으니 필요하면 데려다가 활용하라며 사내 각 부서에 전달했다.

다른 본부에 필요한 인력을 보내고 신입사원 모집을 조정하는 등 4년여에 걸쳐 꾸준히 구조조정을 한 결과, 약 2,000명에 달하던 직원을 1,400명 선으로 유지하면서도 공장을 원활하게 가동할 수 있었다.

자동화와 합리화에도 적극적으로 투자해, 여유 인력을 타 사업장에 전배시켜 마침내 적정 수준을 유지했다. 한꺼번에 인력을 대폭 감축한 것이 아니라 미리 계획을 세워 수년간 단계적으로 서서히 줄여 나갔다.

정든 직원들을 다른 사업장으로 떠나보내기란 내게도 가혹한 일이었다. 모두 가족 같았기 때문이다. 직원과 그 가족의 이름까지 외울 만큼 강한 애정을 갖고 있어 너무나 가슴 아팠다. 하지만 장기적으로 볼 때 구미공장이 살아남으려면 뼈를 깎는 아픔을 참아 내면서 구조조정을 단행해야만 했다.

구조조정 작업은 거친 물결을 거슬러 헤엄치는 것처럼 고통스러운 일이었다. 하지만 제 살 깎는 심정으로 미리 구조조정을 해서 안정된 상황을 구축한 결과, 외환위기가 닥쳐왔어도 흔들림 없이 당당히 버틸 수 있었다. 이러한 체제 구축은 훗날 도레이첨단소재가 더욱 경쟁력을 갖추는 데 큰 힘이 되었다. 젊은 사람들이 입사하고 싶어 하는 기업으로 성장한 현재 모습을 보면 만감이 교차한다.

구미공장의 오랜 근무 덕분에 나는 어려운 문제가 생기면 직원들과 스스럼없이 상의할 수 있는 선배로 남았다. 긴 세월 한솥밥 먹으며 쌓아 온 신뢰가 뒷받침되었기에 그 힘든 일을 원만하게 마무리할 수 있었다. 어쩔 수 없이 떠나보낸 이들의 얼굴이 떠오를 때면 남몰래 아픈 마음을 쓸어내렸지만 말이다.

현장에 답이 있다

환경을 보호하는
선순환 사이클

환경기사 시험에 도전하다

"자네 두 사람이 우리 공장의 공해관리를 좀 맡아 주게."

1976년 초 어느 날 공장장이 나와 입사 동기 한 사람을 불러 놓고 '특명'을 내렸다. 서울에서 진행되는 공해관리사 교육 과정을 이수해 공해관리사 자격증을 따라는 것이었다.

그길로 우리 두 사람은 서울로 올라가서 공해관리 교육 과정에 등록했다. 두 달 동안 진행된 교육 과정을 마치고 관련 교재를 잔뜩 안고 공장으로 돌아와 공부를 계속했다. 낮에는 업무를 하고 밤에는 공해관리사 자격시험 공부를 병행했다.

열심히 공부한 덕분에 6개월 후 치른 시험에서 무난히 공해관리사 자격증을 취득했다. 요즘으로 치면 환경관리기사에 해당하는 자격증이다.

공해관리사 자격증을 취득한 후 나는 회사의 공해관리 담당자가 되었다. 하지만 걱정이 많았다. 당시 공해 방지 관련 법이 새롭게 제정되어, 기업에서 공해관리를 제대로 하지 못해 문제가 생기면 담당자가 처벌받도록 되어 있었기 때문이다.

급속한 산업 개발과 함께 대기오염, 수질오염 등 공해 문제가 큰 문제로 인식되기 시작했지만, 회사에는 그것에 대해 제대로 아는 사람이 아무도 없었다.

회사 입장에서는 누군가 공부해서 대응해야 하는데, 내가 그 일을 맡게 된 것이었다. 좋든 싫든 환경 전문가 역할을 할 수밖에 없었다.

다행히 당시 삼성그룹은 어느 기업보다 환경 문제에 관심이 많아 관련 정책도 앞장서서 수행했다. 따라서 계열사인 제일합섬의 공해관리 담당자로 일하는 데는 별로 어려움이 없었다. 주로 공정 내에서 발생하는 대기오염이나 수질오염을 줄이기 위해 현장에서 많은 노력을 기울였다.

내 본연의 업무인 생산업무 외에 폐수 처리 실태와 보일러 가동 상태에 대해서도 주기적으로 관리하는 등 생산현장관리와 공해관리라는 두 가지 역할을 담당하느라 정신없었다. 아침마다 간부들을 모아 놓고 공해관리에 대해 강의하고 공해 발생 방지 조치에 대해서도 교육을 진행했다.

금붕어가 사는 폐수 처리장

지금이야 환경의 중요성에 대한 인식이 높아졌지만, 1970~1980년대만 해도 지금과 많이 달랐다. 우리나라는 개발도상국가로서 고도성장 중이었기 때문에, 환경보다 생산성이나 효율성을 우선시했다. 환경을 조금 해치더라도 생산성을 높일 수 있다면 어느 정도 묵인하는 인식도 있었다.

화학 제품을 생산하는 공정 중 일부는 섭씨 350도가 넘는 고온으로 가열하면서 화학반응을 일으키는데, 이때 여러 가지 부산물이 나올 수밖에 없다. 이렇게 만든 화학 제품들은 사람들의 의생활과 주생활을 편리하게 하지만, 만드는 과정에서 어쩔 수 없이 환경을 오염시키는 물질들이 나오게 된다.

생산 시설을 늘리면 공정에서 폐수가 늘어나고 대기오염도 증가하기 마련이다. 지금은 이에 따른 법적 방지 시설을 갖추고 있지만, 당시에는 대부분의 공장에서 비용이 많이 들어가는 방지

시설을 제대로 갖추지 못했다. 일부 부도덕한 기업은 비가 많이 오는 날 강물에 폐수를 흘려보내기도 하고, 대기오염 물질 배출이 얼마나 위험한 일인지 모르는 기업도 많았다. 당연히 오염 물질 측정 장비나 기준도 제대로 없었다.

그러나 이후 환경 관련 규제가 강화되면서 많은 기업이 환경법 위반으로 곤욕을 치르기 시작했다. 구미 공단에 있는 다른 회사들도 상황이 비슷했다.

하지만 우리 회사는 달랐다. 환경관리를 철저하게 하고 있음을 증명하고 싶어 폐수 처리장을 연못으로 꾸미고 금붕어를 기르기 시작했다. 금방 죽을 줄 알았던 금붕어들이 건강하게 살아가자, 업계에 큰 화제가 되어 벤치마킹 명소가 되기도 했다. 폐수를 정화시킨 물에서 금붕어가 살 수 있다는 것은 그만큼 정수 처리가 완벽하게 이루어지고 있다는 방증이기 때문이었다.

균형 있는 환경론자

나는 스스로 환경론자라고 생각하며, 언제 어디서나 그렇게 이야기한다. 기업 경영자, 특히 화학업체 CEO가 환경론자라고 하면 의아하게 생각할 수도 있다. 최근 ESG가 강조되면서 기업들이 환경에 더 많은 신경을 쓰고 있지만, 나는 오래전부터 환경 문제에 관심을 갖고 고민하며 해결 방안을 강구해 왔다.

나는 환경론자이지만 극단적인 환경보호론자와는 다르다. 극단적인 환경보호론자들의 주장을 그대로 실천하려면 지금의 편리함을 거의 포기해야 한다. 심하게 말하면 100~200년 전으로 돌아가야 할지도 모른다.

일반적으로 환경보호론자들은 환경을 훼손하는 일에 극도로 민감하다. 하지만 자원이 없는 국가에서 국민이 풍요로운 삶을 누리려면 공업화, 산업화에 따른 환경적 희생이 다소 발생할 수밖에 없다. 따라서 이를 최소화하기 위한 최선의 방법을 찾아야 한다.

환경보전을 위해 고속도로를 만들지 않고, 공장도 짓지 않으며, 아파트도 건설하지 않았다면 대한민국이 오늘날과 같은 경제대국이 되었을까?

현재 우리에게 필요한 것은 '잘 살기 위한 환경보호'다. 환경파괴 때문에 도로와 공장 건설을 접을 것이 아니라, 늘 경각심을 갖고 그 피해를 최소화하려 끊임없이 노력해야 한다.

몇 년 전 도롱뇽을 보호하기 위해 터널 공사가 지연되어 예산이 낭비된 적이 있다. 하지만 터널 공사 완공 후 도롱뇽은 아무 문제 없이 잘 살고 있다는 이야기를 들었다.

물론 개발 추진 과정에서 문제가 생길 수도 있다. 하지만 환경 문제 때문에 개발 자체를 미루기보다는 개발을 통해 가치를 창출하고, 그 창출된 가치를 다시 환경보전에 투입하는 선순환 사이클을 조성하는 것이 더 바람직하다고 생각한다.

현장에 답이 있다

인화로
인수합병을 이루다

떠나는 사람, 남는 사람

1999년에 새롭게 출범하는 도레이새한의 초대 사장을 맡은 후 마음 한구석에 항상 이런 생각이 남아 있었다.

'언젠가 다시 합칠 날이 오겠지.'

어려운 사정으로 회사가 나뉘었지만, 언젠가 다시 만날 거라고 믿었다.

도레이새한이 출범하고 1년이 지난 2000년, 새한은 결국 위기를 극복하지 못하고 워크아웃에 들어가 은행관리 대상이 되었다. 예전에는 새한에 남는 사람들이 도레이로 떠나는 사람들을 걱정했지만, 결국 남은 사람들이 더 힘든 상황을 맞은 셈이었다.

그로부터 9년이 지난 2008년에 새한은 결국 시장에 매물로 나왔다.

'우리가 새한을 인수하면 좋겠다.'

나는 한 가족과 마찬가지인 새한을 인수하기 위해 백방으로 쫓아다녔다. 주채권은행인 산업은행과 여러 차례 논의하는 등 총력을 기울였지만, 결과는 좋지 않았다. 일부 새한 임직원들의 반발도 있었고, 무엇보다 도레이 측에서 미온적인 태도를 보였기 때문에 인수 협상이 더 이상 진전되지 못했다. 결국 새한은 웅진그룹에 인수되면서 웅진케미칼로 사명이 바뀌었다.

새한 인수가 실패로 돌아가자 나는 무척 낙담했다. 새한이 이제는 정말 완전히 남의 회사가 되었다는 상실감 때문이었다. 회사 이름은 물론 조직 문화도 달라지고 있었다.

원래 같은 회사였기 때문에 당시 우리 구미1공장은 웅진케미칼(구 새한) 공장으로부터 공장 가동에 필요한 전기, 스팀 등 유틸리티를 공급받는 구조였다. 하지만 주주가 바뀌어 그 일이 매우 어려워졌다. 웅진케미칼 측에서 공급 부족을 이유로 유틸리티 공급을 거부하는 일이 잦아 수시로 마찰이 발생했다. 그럴 때마다 경영진이 나서 문제를 해결하곤 했다.

현장에 답이 있다

또 한 번의 기회가 찾아오다

그러던 중 웅진그룹의 경영이 어려워지면서 회사를 인수한 지 5년 만인 2013년에 웅진케미칼이 M&A 시장에 매물로 나왔다. 그 소식을 듣자 마음속에서 꺼졌던 불씨가 다시 타오르기 시작했다. 온갖 상념과 추억이 엉켜 가슴이 두근거렸다.

웅진케미칼은 나에게 애틋한 존재였다. 집안 형편이 안 좋아 다른 집으로 뿔뿔이 흩어진 형제와 같은 느낌이었다. 26년간 젊음을 고스란히 바친 곳이자 구석구석 우리 선배와 후배들의 손길이 묻어 있는 곳이었다. 그 소식을 듣자마자 나는 마음을 굳혔다.

'이번에 반드시 되찾아 다시 한 가족이 되어야겠다.'

되찾을 수 있다고 생각하자, 기대와 희망에 가슴이 부풀었다. 굳게 마음먹었지만 웅진케미칼을 인수하기까지 해결할 문제가 첩첩산중이었다. 우선, 웅진케미칼에 눈독 들이는 기업이 많았다. 그런 와중에 관련 업계 대기업들이 인수전에 뛰어든다는 언론 보도까지 나왔다. 일단 대주주인 도레이를 설득하는 것이 급선무였다.

"우리가 꼭 웅진케미칼을 인수해야 합니다."

아무리 강력하게 주장해도 도레이는 여전히 미온적인 반응이었다. 웅진케미칼이 보유한 자산은 화학섬유 사업과 수처리 사업 정도가 전부였다. 게다가 화학섬유 공장도 오래되고 낡아 큰 매력이 없었고, 수처리 부문도 이미 도레이가 세계적 첨단 기술을 보유하고 있어 인수 가치가 그리 높지 않았다.

또한 아라미드(aramid) 사업도 미국 D사가 기술 침해로 소송할 가능성이 제기되고 있었다. 비싸게 샀다가 괜히 소송에 휘말리고 패소하면 헛돈만 쓰는 꼴이 될 수 있었다. 도레이의 반응은 어찌 보면 당연했다.

도레이를 설득하기 위해서는 완전히 새로운 접근법이 필요했다. 시장을 철저히 분석하고 인수에 뛰어든 경쟁업체들의 정보를 참고해, 우리가 얻을 이익과 성사되지 않았을 때의 리스크를 정리했다. 가슴은 뜨겁더라도 냉정한 이성을 가져야 하는 상황이었다.

"웅진케미칼이 다른 회사에 넘어가면 유틸리티 공급에 치명적인 문제가 생길 가능성이 있습니다. 다른 회사가 이 공장을 인수하고 유틸리티 공급을 중단하면 우리는 유틸리티 공장을 새로 지어야 하는데, 그러려면 2,000억 원은 들 겁니다. 돈도 돈이지만 일단 공장을 지을 땅도 없습니다."

나는 치밀한 분석 보고서를 만들어 도레이를 설득하기 시작했다. 뿌리가 같은 회사인 만큼 화학섬유, 수처리같이 겹치는 사업

현장에 답이 있다

영역에서 시너지를 충분히 기대할 수 있다는 점도 부각시켰다.

도레이 회장, 사장, 그리고 관련 사업부 임원들을 일일이 찾아다니면서 설득했다. 그런 노력이 조금 통했는지 도레이 수뇌부에서도 웅진케미칼 인수에 관심을 가지기 시작했다.

이후 분위기가 확실히 달라졌다. 웅진케미칼 인수를 둘러싼 도레이 내부의 분위기가 긍정적으로 바뀌었다. 나중에는 오히려 도레이 본사가 더 적극적이었다.

도레이 각 사업본부가 웅진케미칼 인수 준비 작업에 앞장서 인수추진본부를 발족하자 인수 작업은 급물살을 탔다. 막판까지 인수 금액을 놓고 경쟁업체들과 치열한 눈치작전을 펼쳤지만, 확실한 정보력과 심리전으로 경쟁자를 모두 물리치고, 2013년에 드디어 웅진케미칼을 인수했다.

청춘을 바친 공장에 돌아오다

인수합병 작업을 마무리하고 구미공장으로 들어서는데 정문 앞에 커다란 플래카드가 내걸려 있었다.

'이영관 회장의 구미1공장 방문을 진심으로 환영합니다. 임직

원 일동.'

순간 가슴이 뭉클했다. 나는 잠시 발걸음을 멈추고 플래카드 내용을 찬찬히 읽어 보았다. 감개무량했다. 방문이라기보다 원래 태어난 곳으로 돌아오는 '회귀'라는 표현이 더 어울릴 것 같았다.

젊은 시절 함께 열심히 땀 흘린 공장이고, 여기 있는 모든 사람이 동생과 같은 직원들 아니던가? 먼 길을 돌아 드디어 도착했다.

공장을 향해 걸어가는 내내 머릿속에 40여 년 전 모습이 필름처럼 펼쳐졌다.

'그래, 이곳에서 직장생활을 시작했지.'

'만난 사람은 헤어지고 헤어진 사람은 반드시 다시 만나게 된다(會者定離去者必返)'는 『법화경』의 한 구절이 떠올랐다. 사람처럼 회사도 이렇게 돌고 돌아 다시 만난다는 사실이 신기했다. 주변을 두리번거리며 20대 청년 이영관의 흔적을 찾아보았다.

'동기들과 함께 대나무 장대로 쿡쿡 찔러 대며 콘크리트 바닥을 만들었는데.'

1999년에 헤어진 후 14년이 흐르는 동안 두 회사는 기업문화도 많이 달라지고 구성원도 많이 바뀌었지만, 조금 더 깊이 들어가면 공통점이 많았다. 과거 한솥밥을 먹으며 일했던 사람들이 여전히 남아 있었다.

인수 이후 회사명을 도레이케미칼로 바꾸었다. 나는 인수 당시부터 직원들을 존중하는 자세로 대했다. 도레이케미칼 족보로만 따지면 오히려 도레이케미칼이 모회사격이었다.

도레이케미칼 임직원들의 회사에 대한 높은 긍지를 충분히 알고 있었다. 그 때문에 처음부터 도레이케미칼의 조직이나 업무 시스템을 무리하게 바꾸기보다 어려운 과정과 혼란을 겪은 만큼 안정된 다음 상황에 맞춰 조정해도 늦지 않을 거라고 판단했다.

조직 문화를 융합해 윈윈 전략을 세우려면 '원 보스, 투 컴퍼니(One Boss, Two Company) 시스템으로 가야 한다는 생각에, 두 회사를 함께 경영하는 대표이사 회장에 취임했다. 이후 도레이케미칼은 2019년 도레이첨단소재에 통합·합병되어 완전한 한 회사로 재탄생했다.

들여다보면 도레이케미칼 직원들은 1999년 도레이새한이 분리된 이후 독자 경영, 산업은행 지배, 웅진그룹 편입 등 많은 우여곡절과 어려움을 극복하고 회사를 잘 지켜 온, 누구보다 애사심 강한 사람들이었다. 따라서 인수 초기에 단 한 사람도 내보내지 않았다.

오히려 도레이첨단소재 임원들 사이에서 회장이 도레이케미

소재가 경쟁력이다

칼에 지나치게 신경 쓴다는 소리까지 나왔다. 하지만 나는 직원들이 불안해하지 않고 도레이의 문화에 천천히 적응할 수 있게 조직 안정화를 이루는 것이 가장 중요하다고 생각했다.

따라서 임원은 물론 간부, 현장 직원, 노조 간부들까지 두루 만나며 마음 터놓고 힘을 합쳐 최고의 화학 소재 기업으로 성장, 발전시키자고 설득했다. 모두의 노력 덕분에 통합 후유증 없이 빠르게 조직이 안정되었다. 노동조합이 솔선수범해 분위기를 잘 이끌어 간 것도 조기 안정화에 크게 기여했다. 사업 측면에서 시너지가 난 것은 두말할 필요가 없었다.

굴곡 많은 세월을 거치면서 '제일합섬'이라는 회사명은 없어졌지만, 같은 뿌리에서 나온 회사가 새한, 도레이새한, 웅진케미칼을 거쳐 도레이첨단소재로 합해지면서 단단하고 새로운 회사로 재탄생했다. 제일합섬 시절의 많은 선배가 이제 가야 할 고향이 생겼다며 좋아하던 모습이 눈에 선하다.

나는 도레이첨단소재 모든 임직원이 자랑스러워하는 회사, 젊은 세대가 입사하고 싶어 하는 회사, 많은 사람에게 존경받는 초일류 회사로 자리매김하길 바란다. 그 기반을 굳건히 다지는 것이 내 마지막 사명이다.

현장에 답이 있다

"해외 출장 갈 일 있으면
이영관에게 물어봐라"

1978년, 난생처음 해외 출장길에 올랐다. 일본 도레이와 기술 협의 미팅을 위한 2박 3일 일정이었다. 당시 한형수 공장장, 서동균 공무부장, 실무자였던 나, 이렇게 세 명이 일본행 비행기에 몸을 실었다. 첫 출장인지라 바짝 긴장한 채 일본에 도착했다. 그런데 이튿날, 빨리 귀국하라는 사장의 긴급한 지시가 떨어졌다. 내가 짐을 챙겨 공항으로 가고 두 사람은 일을 마친 뒤 공항에서 합류하기로 했다.

호텔로 돌아가서 내 짐과 한 공장장의 트렁크를 챙겨 들고 공항에 도착해 짐을 모두 부쳤다. 무거운 짐들을 부치고 나니 홀가분했다. 마음의 여유가 생겨 두 사람을 기다리는 동안 공항을 구경하며 쇼핑도 했다.

그런데 공항에서 다시 만난 공장장이 대뜸 내게 물었다.

"자네, 내 가방은 어디 두었나?"

"이미 깔끔하게 부쳤습니다."

칭찬을 기다리는 아이처럼 대답했다. 그러자 한 공장장이 깜짝 놀라며 물었다.

"가방 안에 있던 내 여권은 꺼내 놓았지?"

순간 눈앞이 캄캄하다 못해 아득한 느낌이었다. 머릿속에서 뇌가 사라져 버린 것처럼 멍했다. 트렁크 안에 여권이 들어 있으니 꺼내서 잘 챙겨 놓으라던 공장장의 말이 그제야 기억났다. 항공사 데스크로 부리나케 뛰어갔지만 이미 늦은 상황이었다. 짐을 너무 일찍 부치는 바람에 화물칸 맨 안쪽 구석에 깊이 박힌 가방을 도저히 꺼낼 수 없다는 대답이었다. 할 수만 있다면 가방 대신 내가 화물칸에 숨고 싶은 심정이었다. 어쩔 줄 몰라 하는 나에게 공장장이 한 말이 평생 잊히지 않는다.

"처음 출장 온 사람한테 너무 무리한 일을 시킨 것 같군. 걱정하지 말고 서울에 도착하자마자 짐을 찾아 내 트렁크에서 여권을 꺼내 그 비행기 편으로 다시 보내 주면 내일 아침에 바로 돌아가겠네. 사장님께는 상황을 잘 말씀드리고 하루 늦게 돌아간다고 보고해 주게."

한없이 작아져 땅속으로 꺼질 것 같은 기분이었다. 나 자신이 너무 한심하고 창피해 고개를 들 수가 없었다.

이 사건으로 나는 회사에서 꽤나 유명세(?)를 탔다. 누구든 해외 출장 갈 일 있으면 이영관한테 물어보라는 말이 생겨났다. 지금도 그때 생각만 하면 얼굴이 화끈거린다.

그 실수를 계기로 나는 덜렁거리던 습관을 고쳤다. 실수를 통해 평생 교훈을 얻은 셈이다.

또한 부하 직원이 실수했을 때 문제점을 지적하고 화내기보다 먼저 포용하는 자세와 인내를 배웠다. 매사에 신중하게 한 박자 쉬면서 호흡을 고른다. 지금도 해외에 나갈 때면 괜히 가방이나 양복 주머니를 뒤적이며 몇 번씩 여권을 확인하곤 한다.

Chapter 5

배움에는
끝이 없다

공부하지 않으면
앞으로 나아갈 수 없다

용접 전문가까지 초빙해서 공부하다

현장에 있을 때도 나는 직원들에게 늘 공부하라고 강조했다. 그리고 시간 날 때마다 직원들과 함께 토론을 벌였다.

토론 자리에서는 자연스럽게 논쟁이 벌어지기 마련이었다. 그때는 선후배를 따지지 않았다. 누가 더 설득력 있게 이론과 의견을 발표하느냐가 더 중요했다. 연구소에서 근무하다가 구미공장으로 옮겨 온 한 부서의 직원은 우리가 토론하는 모습을 보고 연구소보다 더 학구적인 분위기라며 놀라워했다.

화학공업은 공부를 많이 해야 하는 산업 분야다. 끊임없이 공부하지 않으면 새로운 공정은 물론 기존 공정의 변화를 따라잡기 힘들다.

배움에는 끝이 없다

5년간 필름생산부장으로 일하면서 '필름 분야 세계 최고 전문가'를 목표로 공장에서 살다시피 지내며 파고 들었다. 또 건설본부장 시절에는 용접 분야 최고 전문가로 꼽히는 대학교수를 초빙해 간부들과 함께 용접에 관해 공부하기도 했다.

경영 능력은 어느 날 갑자기 생기는 것이 아니다. 맡은 일에 오랜 시간 집중하고, 현장 경험을 경영에 실제로 접목하고 새로운 것을 습득하기 위해 끊임없이 공부해야 경영에 필요한 선견력과 판단력을 가질 수 있다.

비록 나이를 꽤 먹은 지금도 책과 사람들을 통해 끊임없이 배운다. 남들의 생각과 시각을 참고하기 위해 조찬모임이나 세미나, 각종 학회에도 부지런히 참석한다. 공부하지 않으면 절대 앞으로 나아갈 수 없다.

50대 석사, 만학도의 도전

평소에도 직원들에게 공부하라고 입버릇처럼 이야기해왔으나, 실제로 공부하는 직원이 많지 않았다. 그래서 사내 제도를 신설해 직원 교육을 적극적으로 지원했다.

소재가 경쟁력이다

2004년부터 차세대 핵심 리더를 육성하기 위해 임직원 학습 지원 제도를 도입했다. 학위를 따기 위해 공부하는 직원들에게는 학비 등 금전적 지원을 아끼지 않았다. 그 결과 현재까지 화학공학 관련 석사와 박사는 물론, 경영학 석사까지 수십 명 배출했다.

지식경제 사회에서 공부의 중요성은 누구나 절감하지만, 막상 본격적으로 실천하기란 쉽지 않다.

하루는 이런 생각이 들었다.

'CEO로서 지금까지 무척 바쁘게 살아왔고 다행히 별 실수 없이 업무를 수행하고 있지만, 내 학문적 바탕은 어디까지나 공학이다. 여기에 경영학 지식을 보태면 대내외 업무를 더 잘할 수 있지 않을까? 게다가 직원들에게 늘 공부하라고 독려해 왔으니, 본격적으로 공부하면 그동안 그토록 강조해 온 솔선수범을 실천하는 것 아닐까? 나 자신을 다잡는 데도 대학원 공부가 더없이 도움이 될 것이다.'

현장 전문가라고 자부해 왔지만, 실무 경험을 경영학 관점에서 바라볼 필요가 있다고 생각해 50대 중반에 고려대학교 경영전문대학원에 입학해 국제경영학을 공부하기로 결심했다. 석사학위를 딴다고 회사 내에서 직위가 달라지거나 월급이 올라가는

배움에는 끝이 없다

것은 아니었다. 이미 대표이사 사장이 되었으니 경력관리를 위한 것은 더더욱 아니었다. 공부 자체가 중요하다는 생각에서 선택한 도전이었다.

경영전문대학원 수업은 밤 10시쯤 끝났다. 낮에 회사 업무를 하고 밤에 수업까지 들으려니 다소 피곤했지만 공부가 재미있었다. 수업을 들은 후 동기들과 학교 근처에서 토론하고 막걸리를 마시다가 밤늦게 헤어지는 것이 일상이었다.

이렇게 뒤풀이까지 마치고 집에 돌아와서 씻고 나면 새벽 1시가 훌쩍 넘었다. 잠이 쏟아져 당장이라도 눕고 싶은 마음이 굴뚝같았지만, 그날 배운 내용은 그날 정리하고 넘어간다는 원칙을 세우고 반드시 복습한 뒤 잠자리에 들었다.

나이가 들면 체력은 물론 기억력도 급격히 떨어진다. 이튿날이면 전날 배운 내용이 가물가물해지기 쉬운데, 일단 복습으로 다시 한번 되새긴 내용은 시간이 한참 지나도 쉽게 잊히지 않는다.

젊은 대학원생들 틈에 끼여 공부하면서 가장 신경 쓴 것은 '학우들에게 허술한 사람으로 보이면 안 된다'는 일종의 강박과도 같은 생각이었다. 명색이 대기업 CEO인데 공부를 제대로 소화하지 못하면 무슨 창피인가. 적당히 공부해서 학위를 따겠다는 생각은 애초에 없었다.

　　　　　　　　　　　　　　소재가 경쟁력이다

몇십 년 만에 하는 학교 공부이니 독하게 마음먹고 파고들었다. 생각해 보니 젊은 시절보다 더 열심히 공부했던 것 같다. 그런 노력 덕분에 장학금까지 받았다.

학교 당국으로부터 장학금 수혜자로 선정되었다는 통보를 받고 깜짝 놀라 나보다 경제적 형편이 어려운 사람에게 양보했으면 좋겠다며 극구 사양했지만, 학사 업무와 관련된 것이어서 내 마음대로 할 수 있는 일이 아니었다.

어쩔 수 없이 받은 장학금을 학우들과 몇 차례 회식 비용으로 썼다. 대학원 공부에 재미를 붙이다 보니 내 안에 아직도 공부 DNA가 남아 있다는 생각이 들었고, 그런 자각은 자신감으로 바뀌어 몇 년 뒤 박사 과정에 도전하는 발판이 되었다.

60대 경영학 박사, 생산 라인 효율성 평가모형 개발

회갑을 넘기고 계절이 여러 차례 바뀐 뒤, 이번에는 박사 과정에 도전했다. 오랜 현장 경험을 뒤늦게 학문적으로 정리하는 작업에 매달렸다. 내가 청춘을 바쳐 건설하고 관리하고 혁신해 온 필름 공장 11개 제조 라인의 라인별 효율성을 학문적으로 평가할 수 있는 기법을 연구해 보기로 한 것이다.

'제조 라인별 속성을 잘 알고 있으니, 이번 기회에 내가 알고 있는 바를 학문적으로 체계화해 보자.'

이런 생각을 하며 연구에 매달린 결과 2013년에 「DEA(자료 포괄분석)/AHP(분석적 계층화 과정) 기법을 이용한 장치산업 생산 라인 효율성 평가모형 개발」이라는 주제로 박사학위 논문을 완성했다.

이 논문에서 나는 생산 설비의 생산성을 평가하고 라인별 개선점을 도출하는 모형을 구축해 제시했다. 이로써 40년에 걸친 제조업 경험을 체계화해 생산 현장에 접목하려 한 나의 의지가 구체적인 모형으로 실현되었다. 현장 경험에 뿌리를 둔 이 평가 모형이 도레이첨단소재 생산 현장에 가장 먼저 적용되었음은 물론이다.

50대와 60대에 취득한 석사와 박사학위는 학문적 이론 외에 나 스스로 한계를 뛰어넘을 수 있다는 자신감을 심어 주었다.

나의 뒤늦은 공부가 직원들에게 늘 강조해 온 '공부하라'는 말보다 훨씬 효과적으로 전달되었으리라 믿는다. 공부하기에 늦은 나이란 없다. 하고자 하는 의지만 있으면 충분하다.

논문에서 나는 생산 설비의 생산성을 평가하고
라인별 개선점을 도출하는 모형을 구축해 제시했다.
이로써 40년에 걸친 제조업 경험을 체계화해
생산 현장에 접목하려 한 나의 의지가
구체적인 모형으로 실현되었다.

격물익세(格物益世), 창신해락(創新偕樂)

연구 개발도 속도가 중요하다

뉴턴의 가속도의 법칙은 'F =ma(힘=질량×가속도)'로 표현된다. 나는 R&D에도 이런 공식이 적용된다고 생각한다. 즉, 연구 개발력은 '개발 인력(m)×개발 속도(a)'라고 할 수 있다.

무엇보다 우수한 연구 인력이 관건이지만 개발 속도도 무척 중요하다. 개발 속도를 올리려면 연구 개발에 많은 투자를 하거나, 역량이 부족한 분야의 경우 협업을 하거나, 해당 분야의 탁월한 인재를 영입하는 등 여러 가지 방법이 있다.

회사 출범 직후인 2000년, 구미에 기술연구소를 설립하고 차세대 원천 및 선행 기술 개발에 역량을 집중해 첨단소재 핵심 기술을 확보하기 위해 노력했다. 하지만 구미의 기술연구소로는 수도권 고객들과 소통하면서 연구하기에 시간이 많이 걸린다고 판단해 별도의 연구 센터를 만들었다. 초기에는 산학협동 차원에서 고려대학교 내에 첨단소재연구소를 만들고, 이후 이를 확장 발전시켜 드디어 서울 마곡산업단지에 한국도레이R&D 센터를 준공해 본격적으로 연구 인프라를 확충했다.

기업은 단기 성과를 달성하는 것도 필요하지만, 미래 성장을 위해 중장기적 사업 확대와 신규 사업을 위한 연구 개발 투자에도 적극적으로 힘써야 한다. 도레이첨단소재는 한국도레이R&D 센터를 통해 이러한 중장기적 연구 개발의 기반 기술을 확보하기 위해 연구 활동에 매진하고 있다.

마곡산업단지에는 많은 기업이 입주해 고객과 보다 밀접하고 원활하게 소통할 수 있다. 이를 통해 고객이 원하는 방향으로 연구와 협업을 진행해 구체적으로 사업화를 추진할 수 있다.

한국도레이R&D 센터에서는 중장기 연구 주제, 신사업 기반 기술 연구를 맡고 있다. 회사의 미래 신성장 동력인 차세대 디스플레이 소재, 뉴 모빌리티 소재, 친환경 소재 등을 중심으로 연구 개발에 집중적으로 지원하면서 주요한 미래 먹거리 창출에 매진하고 있다.

소재 연구는 단시간에 개발하기도 어렵지만, 경쟁사들이 쉽게

배움에는 끝이 없다

진입하지 못하도록 기술 장벽을 높이기 위해 핵심 기술을 특허 기반으로 확보하는 것이 무엇보다 중요하다. 무섭게 추격해 오는 경쟁사의 기술이 제품으로 연결되면 자사 제품의 수명이 짧아지기 때문이다.

영원히 잘 팔리는 제품은 없다

'도레이첨단소재 전 임직원의 염원과 연구 자세를 담아낼 좋은 말이 없을까?'

2009년 도레이첨단소재 창립 10주년을 맞아 우리 회사는 한 단계 도약을 꿈꿨다. '미래를 향한 VISION 2020'을 선포하고 탄소섬유와 IT 소재를 생산할 구미3공장을 준공했다. 그리고 미래 먹거리 개발을 위해 기술연구소를 확장 준공하는 등 굵직한 투자가 이어지고 있었다. 모든 임직원이 우리 회사의 비전과 이를 실현하기 위한 R&D 방향을 정확하게 이해하고 그 뜻을 공유했으면 하는 바람이었다.

나는 고객과 임직원, 그리고 연구 담당자들과 많은 이야기를 나누고 주위 학자들에게도 자문을 구해 기술연구소가 지향할 방

소재가 경쟁력이다

향을 정립해 나갔다.

그 결과 '격물익세(格物益世)'라는 단어가 탄생했다. '사물의 이치를 파고들어(格物) 새로운 것을 창조함으로써 세상을 이롭게 한다(益世).' 이 말은 소재 기업인 도레이첨단소재의 궁극적인 목표이자, 연구원들이 갖춰야 할 의지를 명확하게 담고 있다.

외국계 기업이 현지에 자체 기술연구소를 갖춘 경우는 매우 드물다. 하지만 제조 기업이 기술과 연구 개발에 투자하지 않고 노력하지 않으면 결코 품질 경쟁력을 갖출 수 없다고 판단해 신제품, 신기술 개발에 지속적으로 투자해 왔다.

회사의 미래는 결국 그 회사의 R&D 역량에 달려 있다. 미래를 예측하고 변화하는 시대에 맞춰 끊임없이 새로운 제품을 개발하지 않으면 경쟁자들에 따라잡힌다.

지금 잘 팔리는 제품이 영원히 잘 팔린다는 보장은 없다. 한때 우리의 효자 제품이었던 비디오테이프용 필름이 디지털 시대의 등장으로 소리 소문 없이 사라지지 않았던가. 따라서 잘될 때 미리 준비하고 대비해야 미래를 창조할 수 있다.

지금도 구미 기술연구소 입구에는 '격물익세'라는 글귀가 적힌 기념석이 세워져 있다. 많은 연구원이 매일 이 글귀를 보며 우리의 사명과 목표에 대해 한 번쯤 생각해 봤으면 하는 바람이다.

배움에는 끝이 없다

인재, 인프라, 비전의 3박자

R&D가 원활하게 이루어지려면 무엇이 필요할까? 우선, 창의적이고 우수한 인재가 있어야 한다. 국내외 우수한 인재를 확보하기 위해 도레이첨단소재는 무던히 애쓰고 있다. 미국의 주요 대학이나 연구소에 가서 취업 설명회를 열고, 일본에서도 우수한 인재를 소개받아 연구 인력으로 충원하고 있다.

둘째, 연구를 위한 물리적 인프라 구축이다. 인재를 데려오려면 좋은 환경을 만들어 줘야 한다. 예전에는 연구소가 구미에만 있어 가족 문제, 자녀 교육 문제 등으로 그만두는 사람이 많았다. 연구원들에게 정주 여건은 매우 중요하다. 서울 마곡산업단지에 한국도레이R&D센터를 세운 뒤에는 그런 문제가 어느 정도 해소되어 우수한 인재를 채용하는 데 큰 도움이 되었다.

셋째, 강력한 회사의 비전이 필요하다. 비전은 기업의 존재 목적이며, 직원들의 의욕을 고취하는 동력이다. 우리 회사는 10년 단위로 비전을 세우고, 새로운 10년 앞을 내다보며 고민하고 연구해 왔다. 회사 전체가 공유하는 고민이지만, R&D센터가 그 중심축이다.

마곡에 사옥을 결합한 한국도레이R&D센터를 지으려 할 때도 도레이 본사의 반대가 컸다. 도레이의 기업 철학은 건물을 짓는 데 돈을 투자하는 것과는 거리가 멀다. 보통 기업들처럼 사옥을 크게 짓고 부동산 가격 상승으로 이익을 본다는 개념 자체가 없다.

그러다 보니 괜한 곳에 투자한다는 인식이 강했다. 하지만 나는 R&D 센터 건립이 단순한 투자 목적과 다르다고 생각했다. 앞서 언급한 것처럼 서울에 R&D 센터가 있으면 좋은 연구 인력을 더 많이 채용할 수 있고, 고객사와 가까운 곳에서 신속하게 피드백을 주고받으며 연구할 수 있다고 판단했기 때문이다. 꽤 오래 설득한 끝에 닛카쿠 아키히로 사장이 결단이 내려 마침내 R&D 센터를 짓게 되었다.

창립 20주년을 맞은 2019년 12월, '담대한 도약을 위한 VISION 2030' 선포와 더불어 대망의 한국도레이 R&D 센터가 문을 열었다. 미래 지속 성장을 향한 R&D의 중추적 역할을 할 뿐만 아니라 첫 사옥도 겸한 만큼, 그 의미를 영원히 되새길 수 있도록 새로운 기념석을 세우자고 의견이 모아졌다.

창립 10주년 때와 마찬가지로 임직원들의 뜻을 묻고 외부 전문가에게 자문을 얻어 마침내 '창신해락(創新偕樂)'이라는 문구를 완성했다. 기존에 없는, 기존과 다른, 새로운(新) 것을 창조하고(創) 이를 통해 인류의 삶의 질을 높이는 데 기여함으로써 생

배움에는 끝이 없다

활의 즐거움, 성취의 기쁨(樂)을 함께(偕) 나누자는 뜻이다.

한국도레이R&D센터 본연의 임무인 끊임없는 연구 개발을 통해 새로운 것을 창조하고, 이를 토대로 한국의 도레이 각 계열사는 사업 혁신과 지속적인 성장으로 시너지를 창출해 사회가 안고 있는 다양한 문제에 솔루션을 제공함으로써 인류와 함께 행복과 즐거움을 나누겠다는 우리의 굳건한 의지와 목표를 압축해서 담았다.

R&D와 소재 기업의 사명을 담은 두 기념석의 글귀를 만들어 놓고 보니 '우리는 새로운 가치 창조를 통해 사회에 공헌한다'는 도레이의 기업 이념과 일맥상통했다.

참고로, '격물'은 공자의 『대학(大學)』에 나오는 격물, 치지, 성의, 정심, 수신, 제가, 치국, 평천하의 8조목에 첫 번째로 나오는 글자이고, '창신'은 연암 박지원의 '법고창신(法古創新)'에서, '해락'은 맹자의 '여민해락(與民偕樂)'에서 차용한 것이다.

소재가 경쟁력이다

회사의 미래는 결국 그 회사의 R&D 역량에 달려 있다.
미래를 예측하고 변화하는 시대에 맞춰
끊임없이 새로운 제품을 개발하지 않으면
경쟁자들에 따라잡힌다.

한국의
노벨상을 꿈꾸다

기업의 사회적 역할과 책임

일반 직원으로 일할 때는 현장, 품질, 원가 경쟁력 등 현안 과제에 몰두하느라 주변을 돌아볼 여유가 없었다. 하지만 임원이 된 후에는 내가 하는 일의 궁극적 목표와 가치에 대해 고민하고, 그 생각을 동료들과 공유했다.

필름 개발에 나설 때도 필름을 우리 기술로 국산화한다는 뚜렷한 목표가 있었다. 그것은 개인, 부서, 회사만을 위한 것이 아니라, 결국 사회와 국가 경제를 위하는 길이라고 믿었다. 신기술, 신소재 개발에 힘쓰면 관련 산업의 경쟁력 제고에 기여할 뿐만 아니라 수출 증대, 수입 대체, 고용 창출 등 가시적 효과도 거두고 공공의 이익에 기여할 수 있다는 자부심까지 가질 수 있다.

소재가 경쟁력이다

사회에 공헌하는 길은 각자 위치에 따라 다양하다. 사업장에 근무하면서 지역사회에 대한 기부, 불우이웃 돕기, 재해복구 동참, 자연보호 등 여러 봉사활동을 해온 것도 순수한 자선의 의미가 강했다.

이후 회사가 성장하고 비즈니스가 다양해지면서 사회적 문제 해결을 위한 책임 있는 실천과 지속 가능한 방향으로의 변화가 필요하다는 생각에서 비즈니스의 전문성을 활용한 방안을 모색하기 시작했다.

공익재단법인 한국도레이과학진흥재단 설립

도레이는 한국에서 사업하면서 이익만 추구한 것이 아니다. 그 이익을 재투자해 새로운 일자리를 창출하는 등 한국의 사회 발전에도 기여해 왔다. 하지만 그것만으로 부족하다는 생각이 들어 우리 사회와 국가 발전을 위해 기여할 방법을 고민하기 시작했다.

첨단 신사업 추진, 해외 진출, 그리고 기업 인수 합병이 마무리되고 사업 기반이 안정화되면서 늘 마음 한구석에 무거운 책임

배움에는 끝이 없다

감이 자리 잡고 있었다. 어떤 형태로든 반드시 사회에 공헌해야 겠다고 마음먹었다. 개인적으로 한국고분자학회 회장을 비롯해, 한국섬유산업연합회 부회장, 한국능률협회 부회장, 한국경제인 연합회 감사 등으로 활동한 것도 그동안 받은 도움을 관련 산업 과 사회에 조금이나마 돌려주고 싶은 마음에서였다.

기존의 사회공헌 활동에서 한발 더 나아가고자 회사 안팎으로 다양한 의견을 수렴했다. 그 결과, 화학 소재 기업으로서 책임과 위상에 걸맞게 소재 개발과 연구, 더 나아가 과학 발전에 이바지 하는 길을 찾기로 했다.

과학자들의 연구를 통해 기술 개발에서 도움을 받고 있으니, 그 분야에 직접 도움을 주고 싶었다. 1년여의 준비 끝에 2018년 공익재단법인 '한국도레이과학진흥재단'을 설립해 우리나라의 과학 발전에 조금이나마 실질적인 힘을 보태기로 했다. 공익재 단으로 설립한 것은 기업의 개별적 공헌 활동을 넘어 사회적 책 임을 더욱 막중하게 지기 위해서다.

일본 도레이 본사도 1962년부터 도레이과학진흥회라는 공익 재단을 설립해 과학자들의 연구 개발을 지원해 왔기 때문에 재 단 설립을 적극 지원했다.

재단 설립 첫 단계에서 가장 중요한 재원은 도레이첨단소재를 비롯해 스템코, 도레이세퍼레이터필름 등 한국도레이그룹의 관계 회사에서 현금 15억 원을 출연해 조성했다.

2018년 1월 과학기술정보통신부로부터 인가받은 뒤 그해 2월 재단 현판식을 갖고 대내외에 본격적으로 출범 소식을 알렸다. 외국계 기업 중 현지 진출 국가에서 공익재단을 설립하는 경우는 드물다.

한국도레이과학진흥재단은 화학 소재 기업에서 출발한 특성에 맞게 화학과 재료 분야의 연구 지원과 인재 육성에 기여할 수 있도록 방향을 설정했다.

매년 한국도레이 과학기술상에 화학 및 재료의 기초와 응용 분야에서 평생 헌신한 과학자와 공학자 2명을 선정해 각각 상금 1억 원을 시상하고 있다. 또한 창의적이고 도전적인 연구 과제를 제안한 4~5명의 과학자를 도레이 펠로십에 선정, 매년 5,000만 원씩 3년간 연구비를 후원하고 있다.

차세대 인재인 이공계 대학생 30명에게도 매년 장학금을 지원하고 있으며, 학술진흥과 과학문화 창달을 위해 중장기적으로 지원 규모를 점점 확대해 나갈 계획이다.

"일본 도레이과학진흥회 과학기술상 및 연구기금 수상자 중에서 5명의 노벨상 수상자가 나왔습니다. 앞으로 한국도레이과

배움에는 끝이 없다

학진흥재단 수상자 중에서도 노벨상 수상자가 나오기를 진심으로 기원합니다."

한국도레이과학진흥재단 제1회 시상식 날, 닛카쿠 아키히로 사장의 인사말에서도 큰 희망을 느꼈다. 언제가 될지 모르지만, 재단의 지원을 받은 과학자가 노벨상 수상자로 성장한다면 재단의 커다란 영예가 되는 것은 물론 우리나라 과학의 위상이 더욱 높아질 거라고 생각한다.

매년 시상대에 오르는 젊은 과학자들이 눈빛을 반짝이며 수상 소감을 밝힐 때면, 그들 덕분에 우리 과학의 미래가 밝다는 확신이 든다.

앞으로도 한국도레이과학진흥재단은 공익재단으로서 과학 지식 패러다임을 바꾸거나 인류의 난제 해결을 위한 연구, 사회가 진일보하는 데 기여하는 혁신적인 동력 개발, 독창적인 지식과 이론을 정립하고 산업 발전에 기여하는 과학자와 연구자를 계속해서 지원할 것이다.

이 밖에도 한국의 고분자학과 화학공학의 학문적 성취와 기술 발전에 기여하기 위해 2012년에는 한국고분자학회와 '도레이고분자상'을, 2021년에는 한국화학공학회와 '도레이화학공학상'을 만들었다. 도레이첨단소재는 매년 해당 과학 및 기술 분야에서 탁월한 연구 업적을 이룬 중견 회원을 선정해 연구 활동을 지원, 격려하고 있다.

앞으로도 도레이첨단소재는 기업 시민의 일원으로서 그 책임을 성실하게 수행해 나갈 것이다.

배움에는 끝이 없다

앞으로도 한국도레이과학진흥재단은

공익재단으로서 과학 지식 패러다임을 바꾸거나

인류의 난제 해결을 위한 연구, 독창적인 지식과

이론을 정립하고 산업 발전에 기여하는

과학자와 연구자를 계속해서 지원할 것이다.

지역사회와 함께하지 않으면
기업의 발전도 없다

우리는 구미를 떠나지 않는다

경상북도 구미시는 내게 제2의 고향이다. 태어난 곳, 자란 곳, 학교를 다닌 곳 모두 따로 있지만, 구미는 지금도 가장 편하고 애정이 남다른 곳이다.

도레이첨단소재의 전신인 제일합섬이 1973년 경북 구미국가산업1단지에 폴리에스터 중합, 원면 공장을 지으면서 구미와 인연을 맺었다.

이후 구미국가산업단지의 5단지까지 공장을 잇달아 지으면서 구미산업단지의 53년 역사 중 무려 50년을 함께할 정도로 구미와는 떼려야 뗄 수 없는 끈끈한 관계다.

구미를 기반으로 사업을 시작한 기업 중 많은 업체가 다른 지

배움에는 끝이 없다

역으로 공장을 옮기거나 사업을 축소했다. 하지만 도레이첨단소재는 여전히 구미에 굳게 뿌리내리고 있으며 앞으로도 구미를 떠나는 일은 없을 것이다. 지역사회와 함께하지 않으면 기업도 발전할 수 없다. 도레이첨단소재가 구미를 상징하는 기업이 되었으면 좋겠다.

출범한 지 10년 정도 지나자, 작은 외풍에 흔들리지 않을 만큼 튼튼한 회사로 자리 잡았다. 뒤돌아보니 그동안 말없이 고생해 온 회사 임직원과 가족들, 그리고 우리가 터를 잡고 있는 구미 시민들을 위해 뭔가 보답해야겠다는 생각이 들었다.

내부적으로는 매년 봄과 가을에 체육대회나 등반대회를 열어 단합을 다져 왔지만, 한 걸음 더 나아가 대외적으로 회사를 알리고 직원들이 회사에 자긍심을 갖게 하고 싶었다.

구미사랑 페스티벌, 시민들에게 감사를

구미 시민들에 대한 감사의 마음을 어떻게 전하면 좋을까 고민하던 중 좋은 아이디어가 떠올랐다.

'시민들이 좋아하는 가수들을 초청해 함께 즐기는 감사 페스

티벌을 열어 보자.'

도레이첨단소재의 이름으로 '구미사랑 페스티벌'을 열면 구미 시민들도 좋아하고 우리 직원들도 좋아할 거라고 여겼다. 제일합섬 시절부터 시작해 50년 사이 회사 이름이 여러 번 바뀌고, 일하는 사람들도 바뀌는 등 많은 변화가 있었지만, 우리 회사가 구미에 있다는 사실만큼은 변하지 않았다.

많은 사람의 의견을 종합해 2010년 당시 국내 최고 가수들을 초청했다. 5만 명을 수용할 수 있는 구미시민운동장에 특별 무대를 마련하고 당시 인기가 높은 강호동 씨에게 진행을 의뢰했다. 그리고 2PM, 2NE1 같은 아이돌 그룹에서부터 장윤정 씨를 비롯한 트로트 가수까지, 당대 톱가수들이 총출동하는 엄청난 규모의 행사를 마련했다.

그런데 행사를 앞두고 예상치 못한 문제가 생겼다. 행사 전날부터 부산, 포항, 울산 등 인근 도시에서 연예인을 보겠다며 어린 학생들이 몰려와 공연장 앞에 줄을 서기 시작했다. 안전에 대한 우려 때문에 아무리 돌아가라고 설득해도 막무가내였다.

할 수 없이 줄 서 있던 사람들을 운동장 안으로 안내해 먹을 것을 준비해 주며 기다리게 했다. 행사를 마련하긴 했지만, 사람들이 콘서트에 얼마나 열광하는지 그때 처음 알았다. 운동장을

배움에는 끝이 없다

가득 채운 사람들은 한 행사에 유명 가수가 이렇게 많이 참석한 것은 처음 봤다며 회사의 섭외력에 감탄했다.

행사가 끝난 후에도 한동안 구미시에서는 그 공연이 화제가 되었다. 회사에 대한 칭찬도 많이 받았다. 직원들 역시 지역사회에서 감사 인사를 많이 받아 회사에 대한 자부심이 강해졌다고 말했다. 한마디로 기대 이상의 성과였다.

밤하늘을 가득 채운 뜨거운 함성

첫 번째 행사를 성황리에 마친 후, 2019년 도레이첨단소재 창립 20주년을 맞아 두 번째 '구미사랑 페스티벌'을 열었다. 당시 전국소년체전 준비가 한창이어서 시민운동장을 사용할 수 없어 부득이하게 낙동 강변 공원에서 행사를 열었는데, 3만 5,000명이 참석해 성황을 이루었다.

당대 최고 인기 그룹인 BTS를 반드시 섭외한다는 목표로 1년 전부터 공들였지만 성공하지 못했다. 이미 스케줄이 꽉 찬 데다 기업 행사에는 참여하기 어렵다는 대답에 아쉽지만 어쩔 수 없이 계획을 접었다.

이번에도 10년 전 못지않게 유명 가수들이 총출동한 화려한 행사였고, 지역주민들뿐만 아니라 경상북도 도지사, 구미시장, 지역사회 인사들이 대거 참석해 열기를 더했다. 모든 순간이 최고였다. 관객들은 콘서트에 찬사를 아끼지 않았다.

행사가 끝난 후 나는 구미 시민들과 한 가지 약속을 했다. "우리는 영원히 구미를 떠나지 않을 것"이며, "구미 시민들과 함께 사업을 성장시켜 지역사회 발전은 물론, 국가 경제 발전의 버팀목이 되겠다"고 선언했다.

그날 구미의 밤하늘을 가득 채운 사람들의 뜨거운 함성이 아직도 귀에 쟁쟁하고 그날의 기억으로 여전히 가슴이 벅차다. 행사에 참석해 즐거운 시간을 함께한 구미 시민들께 다시 한번 감사드린다.

배움에는 끝이 없다

그날 구미의 밤하늘을 가득 채운
사람들의 뜨거운 함성이 아직도 귀에 쟁쟁하고
그날의 기억으로 여전히 가슴이 벅차다.
행사에 참석해 즐거운 시간을 함께한
구미 시민들께 다시 한번 감사드린다.

인생의 나침반이 되어 준
롤 모델

존경받는 사람은 이유가 있다

이 책을 통해 내 이야기를 풀어내고 있지만, 어느 것 하나 나 혼자 이룬 것은 없다. 우리 회사가 오늘날 성공을 거둔 것은 모두 함께한 임직원 덕분이다. 많은 선후배의 도움과 조언, 가르침이 없었다면 아마 이 자리까지 오지 못했을 것이다. 한 개인의 능력이나 리더십만으로는 기업이 성공할 수 없다. 임직원이 한 방향으로 함께 노력해야만 가능하다.

나이를 먹고 어느 정도 직위에 오르면 모범을 보여야 한다. 연장자로서 혹은 선배이자 상급자로서 아랫사람이 잘 나아갈 수 있도록 이끌어 주는 것이 가장 중요한 역할이다.

누군가를 존경하는 것은 그 사람의 힘과 권력 때문이 아니다.

배움에는 끝이 없다

뭔가 남다른 사람, 배울 것이 있는 사람, 그리고 선한 마음과 바른 가치관을 가진 사람은 자연스럽게 다른 사람의 존경과 신뢰를 받는다.

평생 잊지 못할 상사

수십 년간 직장생활을 하면서 많은 상사와 동료, 부하 직원을 만났다. 헤아릴 수 없는 인연 중에서 절대 잊을 수 없는 두 분이 있다. 상사로서 오랜 세월 가슴에 담고 있는 제일합섬 시절 한형수 부회장과 박홍기 사장이다.

나는 제일합섬에 입사한 후 곧바로 구미공장 건설본부 요원으로 투입되었다. 당시 건설본부 요원으로 투입된 사람들은 신입사원을 비롯해 1년 선배가 대부분이었다. 그때 그곳에서 평생 잊지 못할 멋진 인연을 만났다.

건설본부에 근무하고 있던 '한형수 생산부장'은 매사에 열정이 넘치고 자긍심이 대단해 주위 사람을 감동시켰다. 그를 따르며 존경을 표하는 이는 나만이 아니었다. 신입사원 동기 대부분이 그를 우상으로 삼을 정도였다.

소재가 경쟁력이다

한 부장은 여느 상급자와 달랐다. 언제나 간단명료하고 논리 정연했다. 부하 직원들에게 지시를 내릴 때도 핵심 사안을 정확하고 꼼꼼하게 건네 일하기가 수월했다. 당연히 업무 효율도 높았다. 그는 일하는 분야에 대한 열정이 남달라 업무에 대해 모르는 것이 없었다. 일본 출장 때 여권을 짐가방에 넣은 채 부쳐 버린 나를 너그럽게 이해해 준 분이다. 그의 열정과 부단한 노력을 보며 자연스레 '나도 저분과 같은 상사가 되고 싶다'는 마음을 갖게 되었다.

한 부장은 훗날 제일합섬의 사장을 거쳐 새한의 부회장을 역임했다.

인간적인 면뿐만 아니라 명석한 두뇌와 판단력에 놀란 적도 많았다. 내가 필름 사업을 비롯해 현장에서 부딪치며 성과를 낼 수 있었던 것은 모두 한형수 사장 덕분이었다. 그렇게 믿어 주고 지지해 주는 상사가 있었기 때문에 작은 뜻이나마 펼칠 수 있었다.

또 한 분이 있다. 제일합섬 사장은 대체로 자사 출신 또는 제조업 출신이 도맡곤 했다. 그러나 박홍기 사장은 영업 출신으로, 신세계백화점과 삼성전기를 거쳐 제일합섬 사장에 부임해 화학산업 현장 경험이 거의 없었다. 박 사장이 부임할 무렵, 나는 필

배움에는 끝이 없다

름생산부장을 맡고 있었다. 생산 현장이 익숙하지 않은 신임 사장이 부임했으니 나름대로 철저히 준비해 공장 현황을 보고했다. 박 사장은 현장에서 올라온 보고서를 읽다가 막힐 때마다 불러 질문 공세를 이어 갔다.

내가 잇단 현장 안전사고에 책임을 지고 회사를 떠나려고 했을 때는 서울에서 직접 내려와 두 시간 동안이나 설득해 내 마음을 되돌렸다. 함께 오래 일하지도 않고, 높은 직급도 아닌 나를 현장 전문가로서 인정해 주었다. 믿고 지지해 주는 리더가 있다는 것은 얼마나 든든한가?

그 후 서울로 불러 경영기획실 업무를 맡기고 1년 반 동안 현장에서 배울 수 없는 정말 많은 경험을 쌓게 해주었다. 또한 30여 차례나 해외 출장에 데리고 다니면서 비즈니스 현장에서 필요한 매너와 영업 방법 등을 터득하게 해주었다. 현장 기술자로 잔뼈가 굵은 내가 오랫동안 CEO로서 능력을 발휘하는 데는 박 사장의 가르침이 큰 역할을 했다.

사람은 예쁠 때도 있고 미울 때도 있다. 능력을 보이고 인정받을 때도 있지만, 실수할 때도 있다. 그럴 때마다 박홍기 사장은 아랫사람, 내 사람을 믿고 이해하며 끊임없이 포용하는 아량이 얼마나 중요한지 깨닫게 해주었다.

소재가 경쟁력이다

두 분은 내 삶의 롤 모델이다. 내가 조직 안에서 어떤 상사, 어떤 아랫사람이 되어야 할지 알게 해주었다. 간혹 생각지 않은 상황이 벌어져 혼란스러울 때도 두 분을 떠올리면 길을 찾을 수 있었다.

나는 아랫사람 앞에서 부끄럽지 않은 상사가 되기 위해 늘 노력한다. 상사라는 위치 때문에 모르는 것도 아는 척하며 아랫사람을 기만해서는 안 된다. 나는 직원들, 나와 함께하는 도레이첨단소재 가족들을 이해하고 감싸 주는 울타리가 되고 싶다. 두 분의 상사가 내게 그랬듯이.

또한 현재 필름 사업의 토대를 만들기 위해 1980년대를 밤낮으로 열정을 쏟으며 동고동락했던 임직원들, 특히 서동균 전무, 김광태 부장, 서정태 과장 등에게 공을 돌리고 싶다. 모두의 최선이 오늘날 성공의 바탕이 되었다. 늘 감사하는 마음으로 살고 있다.

국경을 넘어 신뢰를 쌓다

CEO로 20여 년 넘게 나를 믿어 주고 인정해 준 일본 도레이 경영자들을 빼놓고는 내 인생을 말할 수 없다.

배움에는 끝이 없다

마에다 가쓰노스케 명예회장은 상무에서 사장으로 발탁되어 20여 년 가까이 도레이를 이끌면서 도레이의 중흥 역사를 창조했다. 새한의 경영이 어려워지면서 도레이와 합작할 당시 회장이었다. 어려운 상황이었지만 한국에 애정이 남달라 회사를 살리는 데 큰 역할을 해주었다.

또 사카키바라 사다유키 당시 경영기획실 이사 역시 한국에 대한 이해가 넓고 늘 우리 입장을 이해하려고 애썼다. 나중에 그는 도레이의 사장과 회장을 거쳐 일본의 전국경제인연합회라 할 수 있는 일본경제단체연합회 회장까지 역임했다.

탄소섬유부터 PPS까지, 가능성이 전혀 없던 상황에서 한국에 생산 공장을 유치할 수 있도록 지원해 주고 결정해 준 분들이다.

현재 도레이 대표취체역 사장을 거쳐 회장을 맡고 있는 닛카쿠 아키히로 회장은 수십 년을 봐왔지만 누구에게도 화를 내지 않는 덕장이다. 닛카쿠 회장은 원칙론자에 가까운데, 잘못된 일이 생겨도 흥분하거나 화를 내기보다는 차근차근, 그러나 단호하게 문제를 찾아내 지적하는 모습에서 많은 것을 배웠다. 날카로운 판단력과 빠른 의사결정으로 공장 증설과 새로운 사업 분야 진출에 큰 힘을 실어 주었다. 특히 한국도레이R&D센터 건설, 한국도레이과학진흥재단 설립 등을 통해 기업의 사회적 책임을 다할 수

소재가 경쟁력이다

있도록 전폭적으로 지원해 주었다.

내가 도레이첨단소재 사장을 할 때 한국 내 회장을 맡았던 나카지마 다카히로 회장도 빼놓을 수 없다. 일본 도레이 생산본부장을 하면서 한국도레이의 회장을 맡아 도레이그룹 내에서 한국의 입지를 강화할 수 있도록 큰 힘을 쏟으며 든든한 바람막이 역할을 자임했다. 또한 도레이첨단소재가 한국에서 독자적으로 사업을 펼쳐 나갈 수 있도록 큰 힘을 실어 주었다.

도레이 국제부장을 역임한 도쿠나가 시게오 부장은 성격이 조금 까다롭기로(?) 사내에서 유명한데, 속으로는 한국을 참 좋아하고 많은 애정을 쏟아 주었다. 처음 만났을 때는 냉랭한 모습이었으나, 꾸준히 만남을 이어 갔더니 나중에는 누구보다 든든한 후원자가 되었다.

그 밖에도 제일합섬 시절 기술 제휴선 파견 직원으로 구미공장에 와 있던 사람을 비롯해 업무적으로 자주 접촉했던 사람들까지 고마운 사람이 너무 많아 손에 모두 꼽을 수가 없다.

그동안 공장에서 오랫동안 함께 일해 온 사람들은 물론 국경을 넘어서까지 신뢰와 지지를 보여 준 사람들 덕분에 도레이첨단소재는 물론 개인 이영관이 성장하는 데 큰 자산이 되었다.

나의
버킷리스트

가족과 함께하는 세계 일주

'은퇴 후 인생 2막이 열리면 무엇을 하고 지낼까?'

직장생활 50년 동안 늘 회사와 일이 우선이었기 때문에 많은 시간을 보내지 못한 가족에게 늘 미안하다. 그럴 때마다 인생 2라운드를 생각하며 꿈꿔 온 '버킷리스트'가 있다.

첫 번째는 여행이다. 남은 인생은 가족과 함께 시간을 보내고 싶다. 우선, 가족과 세계 일주를 하려고 한다. 좋아하는 골프와 와인을 찾아 세계 100대 골프장 투어와 와이너리 탐방도 해볼 것이다.

버킷리스트에는 일본 해안선을 따라 일주해 보는 계획도 있다. 업무를 위해 일본에 그렇게 많이 가봤지만, 제대로 된 여행 한번

소재가 경쟁력이다

해보지 못해 늘 아쉬웠다.

몇 년이 걸리더라도 일본 열도 해안선을 매년 조금씩 끊어서 돌아보고 싶다. 일본에는 어디를 가든 내가 좋아하는 사케와 스시, 그리고 골프장과 온천이 있기 때문이다. 그리고 일본 여행 이야기를 글로 써보고 싶은 마음도 있다.

에이지 슈터의 꿈

나는 비교적 늦은 나이에 골프를 시작했다. 돈 잃고 기분 좋은 사람이 어디 있을까? 그래서 나는 초보 시절 시합 때마다 다른 사람들의 보험 역할을 했다. 골프도 사회생활이고 평생 해야 할 운동이라면 제대로 해야 한다고 생각했다. 마침 고등학교 체육 교사였던 아내가 모든 운동은 동계 훈련이 가장 성과가 있다면서 3개월 치 골프연습장 회원권을 끊어 주며 독려했다.

그해 12월부터 3개월간 아침 6시에 연습장에 가서 1시간 동안 골프 연습을 하고 출근했다. 3개월이 지나자 5번 아이언으로 공을 치면 150미터 앞의 과녁을 정확히 맞힐 정도로 실력이 좋아졌다. 그해에 나는 그동안 뿌려 놓았던 내기 돈의 10배 정도를

배움에는 끝이 없다

거두어들였다.

사장이 되고 난 후에는 골프 시합을 해서 딴 돈을 비서에게 맡겼다. 그리고 돈을 잃은 사람들의 이름을 적어 놓게 했더니, 비서가 아예 골계부를 만들어 연간 골프 수익금의 누계와 가장 크게 기여한 사람을 일목요연하게 리스트로 정리해 주었다. 이렇게 모인 수익금은 전액 연말 불우이웃돕기 성금으로 보냈다. 그리고 1년 동안 많은 돈을 잃은 사람에게는 조그마한 선물을 준비했다. 그러나 최근 몇 년은 골프 시합 내기의 룰이 뽑기로 바뀌면서 수입이 턱없이 줄어든 탓에 불우이웃돕기 성금을 개인 돈으로 충당하고 있다.

골프를 좋아하는 아내가 티칭 프로 자격을 따자 나는 아내의 버킷리스트를 위해 여름휴가를 대신해 2015년 제144회 디 오픈(The Open) 챔피언십에 갤러리로 참가했다. 세계적인 선수들의 경기를 직접 관전하자 아내가 기뻐한 것은 말할 것도 없고, 나도 필 미켈슨과 우승컵 앞에서 멋진 기념 촬영을 했다. 언젠가 그 코스에서 라운딩할 기회가 있었는데 '헬(hell)'이라는 무시무시한 별명이 붙은, 내 키보다 높은 14번 홀 벙커에 볼이 빠졌다. 두 번이나 탈출을 시도했으나 쳐내지 못해, 결국 생전 처음 볼을 뒤로 쳐서 겨우 탈출했다. 하지만 두고두고 내 인생의 즐거운 추

소재가 경쟁력이다

억거리가 되었다.

나는 72세에 하루에 72홀을 새벽 4시에 시작해서 밤 8시 40분까지 도는 챌린지(ultimate challenge)에 도전해서 성공한 기록이 있다. 이 도전은 나와의 싸움이었다. 도전 끝에 얻은 성취감은 평생 잊을 수가 없다.

또한 72세에 에이지 슛(age shoot) 기록도 보유하고 있다. 나의 꿈은 80세까지 에이지 슛을 이어 나가는 것이다. 꿈을 이루기 위해 지금도 시간이 나면 연습장을 찾곤 한다. 우리의 삶이나 회사 일, 스포츠도 마찬가지로 무언가 하려면 철저히 제대로 해야 성공할 수 있다.

구미에서 1년 살아 보기

내 인생에서 50년을 도레이첨단소재와 함께했다. 회사 이름이 몇 번 바뀌었지만, 회사에서 보낸 50년을 빼고 내 인생을 말할 수 있을까? 도레이첨단소재는 늘 내 가슴 한가운데 자리 잡고 있다.

은퇴하고 나서도 후배들이 어떻게 일하는지, 어떻게 살고 있

배움에는 끝이 없다

는지 궁금할 것 같다. 먼저 퇴직한 선후배, 동료 직원들처럼 회사를 그만둔 다음에도 도울 일이 있으면 언제든 기여하고 싶다.

마지막 버킷리스트는 '구미에서 1년 살아 보기'다. 지금도 내게 가장 편한 곳은 직장생활 대부분을 보낸 구미다. 낙동강과 금오산, 그리고 구미공단이 내려다보이는 한적한 동네에 자리 잡고 살면서, 그동안 구미에서 같이 고생했던 친구들과 지난 일을 회상하며 우정을 나누고 싶다.

소재가 경쟁력이다

골프를 통해 '노력은 배신하지 않는다'라는
평범한 진리를 깨달으며
인생의 희로애락을 배운다.

멈추지 않는
도전

외국계 기업이라는 편견의 벽을 넘다

우리는 수출을 많이 하고 그 실적이 한국 수출 통계에 잡힌다. 세금도 한국 정부에 낸다. 종업원은 전부 한국인이고 한국인들이 경영한다. 한국 정부가 인가해 준 한국 기업이다. 투자만 도레이가 했을 뿐 순수 한국 기업과 다를 것이 없다.

도레이첨단소재 회장으로서 안타까운 것은 외국인 투자 기업이라는 왜곡된 시선이다. 우리나라는 수출로 먹고사는 나라다. 무역이 국내총생산(GDP)의 50퍼센트가 넘는다. 세계를 상대로 무역하고 세계 각국에 진출해 사업하는 기업이 많은 우리나라에서 국내에 진출한 외국 기업을 배척하는 것은 바람직하지 않다.

도레이첨단소재가 웅진케미칼을 인수하려 할 때 상대 업체에

소재가 경쟁력이다

서 악의적으로 외국계 기업을 매도해 몹시 서글펐다. 다행히 언론에서 균형 있게 보도해 준 덕분에 이후 인수 과정이 순조롭게 진행되었다.

국민이 기업을 평가할 때는 해당 기업이 토종이냐 외국인 투자 기업이냐가 아니라, 그 기업이 양질의 많은 일자리를 창출하고, 세금을 많이 내고 기술 발전에 공헌하며, 나아가 국가 경제에 얼마나 기여하느냐를 기준으로 삼아야 한다. 외국계 기업이라는 이유로 무조건 배척하는 것은 바람직하지 않다.

우리나라의 많은 기업이 세계 각지에 진출해 있다. 그런데 현지에서 외국계 기업이라고 차별받는다면 과연 공정한 경쟁이 이루어질까? 1963년에 처음 들어와 60년간 한국에 뿌리내린 도레이를 무조건 외국인 투자 기업이라고 폄하해서는 안 될 것이다.

나는 중국에 진출할 때 현지에서는 현지인이 되라고 강조했다. 이는 도레이가 한국에 들어와 한국 기업으로 거듭난 것과 다르지 않다. 도레이첨단소재는 한국 내에서 철저하게 한국 기업으로 성장해 왔다.

도레이는 한국 사업 진출에 네 가지 원칙을 갖고 있다. 첫째, 장기적 관점에서 한국의 산업과 수출 진흥, 기술수준 향상에 기여한다. 둘째, 한국인이 경영하게 한다. 셋째, 합작사 운영은 파트너

배움에는 끝이 없다

와 신뢰를 지키는 데 최선을 다한다. 넷째, 모든 경영을 투명하게 함으로써 노사 간 신뢰를 두텁게 한다. 이런 원칙을 실현하면서 꾸준히 기업을 키우고 있다.

도레이는 첨단 기술을 한국으로 이전해 한국 경제에 기여하는 한편, 도레이첨단소재가 한국에서 낸 이익을 한국에 재투자하고 있다.

한국의 많은 대기업이 해외에 생산 공장을 건설하고 있다. 하지만 우리는 기존 공장 외에도 구미에 탄소섬유 공장과 배터리 분리막 공장, 새만금에 PPS 공장 등 국내에서 계속 공장을 확장하거나 회사를 신설해 왔다. 한국에 첨단 공장을 짓고 직원을 고용해 생산한 제품을 수출하는 도레이첨단소재야말로 '진정한 한국 기업'이라는 것이 내 신념이다.

나는 도레이첨단소재가 그 어떤 기업보다 한국적인 글로벌 기업이라고 생각한다. 앞으로 우리는 한국에서 더욱 사랑받는 기업이 되도록 노력할 것이다. 또한 바람직한 기업문화를 조성해 임직원들이 최고의 만족감과 긍지를 가질 수 있도록 할 것이다.

부단한 신규 사업 발굴, 과감한 투자와 연구 개발을 통해 지속 가능한 글로벌 기업으로 성장 발전하여 경제 발전은 물론 세상을 바꾸는 첨단소재 개발로 인류 사회를 위해 끊임없이 노력하

소재가 경쟁력이다

는 기업이 될 것이다. 우리나라 모든 국민이 도레이첨단소재가 한국이 낳은 글로벌 첨단소재 기업이라고 평가해 줄 것이라 굳게 믿는다.

일의 진정한 의미

사람은 자신이 하는 일과 닮는다고 했던가? 소재 분야에서 오래 일했기 때문인지 나 자신도 어느 면에서는 '소재'를 닮아 가는 듯하다. 겉으로 드러내기보다 그 소재가 가지고 있는 내면적 특성과 본질적 역할에 충실하려고 노력해 왔다. 삶이나 기업 경영 모든 면에서 '소재'처럼 화려하게 눈에 띄지 않지만 절대로 없어서는 안 되는 핵심 경쟁력에 집중해 왔다. 기업 경영에서는 무엇이 핵심이고, 누가 핵심 역할을 하며, 유능한 인물을 어디에서 일하게 해야 하는지, 그런 핵심 사업과 핵심 인재를 어떻게 키워야 하는지 등 '핵심의 맥'을 잘 짚는 것이 매우 중요하다.

회사 생활을 시작했을 때는 일이 내가 행복하기 위한 수단이었다. 그런데 50년이 지난 지금은 일 자체에서 행복을 느끼고 일이 즐겁다.

배움에는 끝이 없다

내 일이라 생각하고 열심히 하다 보니 일이 재밌고, 재미있다 보니 성과도 좋았다. 선순환이었다. 그런데 일이 내가 돈을 벌기 위한 수단뿐이었다면 아마도 그런 행복을 느끼지 못했을 것이다. 일 자체에서 행복을 느끼다 보니 50년이 쏜살같이 지나갔다. 일은 나에게 그런 것이다.

인생을 성공적으로 사는 법

10년 전 뉴욕에 출장 갔을 때, 나이가 지긋한 변호사 루빈을 만날 기회가 있었다. 유대계 미국 변호사인 그는 한국에 지사를 만들고 싶어 했다. 그가 한국에 대한 이야기를 듣고 싶다고 해서 점심을 함께했다. 만나 보니 루빈은 무척 훌륭한 변호사였다. 뉴욕 맨해튼에 있는 450명가량의 변호사들로 구성된 로펌의 대표 변호사였고, NYU의 이사이며, 사회적으로 매우 성공한 유명 인사였다.

그는 95세 나이에도 중요한 재판은 직접 재판장에 나가 젊은 검사나 판사들과 당당히 법리 논쟁을 벌인다고 했다. 지난주에 골프를 다녀왔다고 자랑할 정도로 자기관리에도 철저했다.

소재가 경쟁력이다

나이는 정말 숫자에 불과하다는 것을 실감했다. 한국에 대해 여러 이야기를 나누면서 나는 루빈이 나의 롤 모델이라는 생각이 들었고, 이처럼 인생을 성공적으로 살게 된 비결이 무엇인지 물어보았다.

그는 열정(passion), 성실(faithful), 즐거움(enjoy), 이 세 가지가 자신이 인생을 성공적으로 살 수 있었던 키워드라고 말했다. 생각하면 할수록 정말 공감이 가는 말이었다. 모든 일에 열정을 갖고, 성실하게 노력하며, 무슨 일이든 즐겁게 하는 것, 이것이 그가 삶을 풍요롭게 살아가는 비결이었다. 이 만남이 얼마나 인상적이었던지 후배들이나 신입사원들에게 자주 들려주는 이야기가 되었다.

100년 기업을 향한 꿈

글로벌 기업의 평균 수명이 점점 짧아지고 있다. 1955년에는 45년, 1995년에는 30년, 2015년엔 25년으로 줄었으며, 2025년에는 18년으로 전망된다.

기업이 100년을 이어 온다는 것은 결코 쉬운 일이 아니다. 지

배움에는 끝이 없다

속 성장을 위한 끊임없는 자기 혁신과 도전, 고난과 위기를 극복해 온 인내 없이는 이룩할 수 없는 위대한 길이라고 생각한다.

도레이첨단소재의 모기업인 도레이는 1926년에 설립되었으니, 그 역사가 100년이 다 되어 간다. 유기합성화학, 고분자화학, 바이오테크놀로지, 나노테크놀로지를 핵심으로 하는 세계적 첨단 재료 기업으로, 기초 소재부터 탄소섬유 등 첨단 산업 소재까지 다양한 산업 소재를 생산하고 있다.

도레이첨단소재의 경영을 맡으면서 내심 나만의 중장기 목표를 세웠다. 바로 도레이처럼 100년 기업, 위대한 기업이 되는 것이다. 이 목표에는 비록 규모는 작을지라도 세계적 화학 기업인 도레이의 첨단 사업들을 한국에서 전부 구현해 보고 싶다는 창대한 꿈이 담겨 있다.

외국계 기업의 현지 법인은 주로 본사에 필요한 사업의 생산 기지나 판매 법인 역할만 하는 경우가 많다. 그러나 도레이는 해외 사업을 하는 데 있어 단기적 이윤 추구보다 장기적 관점에서 진출 국가의 산업을 발전시키고 그 나라의 기술 수준을 향상시키는 데 기여한다는 경영 원칙을 갖고 있다.

따라서 해외 현지 대표의 제안을 항상 적극적으로 수용하려고 한다. 나도 회사의 현재 사업에 만족하지 않고 일본 본사에 새로운 사업 분야와 M&A 등 다양한 사업을 제안해 한국 소재·부품 산업의 발전에 큰 역할을 할 수 있었다.

도레이의 첨단 사업들을 한국에서 전부 구현해 보고 싶다는 꿈을 어느 정도 이루었지만, 아직도 몇몇 분야에서 못 이룬 꿈들이 남아 있다. 대표적인 분야가 의료와 의약 분야다. 사람들에게 많이 알려지지 않았지만, 전 세계에서 인터페론을 제일 먼저 개발한 회사가 바로 도레이이며 투석용 장비나 혈액에 있는 특별한 균을 잡아내는 필터 등 의료 및 의약 부문에서도 대단한 성과를 거두고 있다.

그런 사업들을 한국에서 전개하고 싶다. 사람도 새로 뽑고, 사업을 어떤 방식으로 전개할 것인지 연구하고 있지만 시간이 오래 걸리고 연구 개발비도 많이 드는 사업이다. 이 사업들이 본격화된다면 도레이가 글로벌 시장에서 펼치는 대부분의 사업을 도레이첨단소재도 실현할 수 있을 것이다.

회사는 원하는 꿈을 향해 비전을 수립한다. 비전 2020에서 탄소섬유 복합재료, 해외 진출, PPS 사업을 구현했다.

새롭게 구상하고 있는 사업도 많다. 특히 2차 전지 소재 분야에서 많은 회사가 각축을 벌이고 있는데, 그중에서도 분리막 기술과 함께 전지 소재 리사이클에 큰 기대를 걸고 있다.

전기 자동차 시장이 커지면 새로운 차량에 들어갈 2차 전지 시장도 성장하겠지만 다 쓰고 난 폐배터리 시장도 확대될 것이다. 그러한 폐배터리에서 특수금속을 회수하는 소재 리사이클링 사업에도 관심을 갖고 있다. 이 사업을 위해서는 필터 기술이 핵심인데, 우리의 필터 기술은 세계 최고 수준이다. 소재 리사이클 시장이 주목받으면 아마 엄청난 경쟁력을 갖게 될 것이다.

이제 비전 2030에서는 기존 사업의 증설을 통해 규모의 경쟁력을 제고하는 한편, 차세대 디스플레이 소재, 뉴 모빌리티 소재, 친환경 소재, 수처리 솔루션 및 헬스케어 솔루션의 신성장 동력을 실현해 나갈 것이다.

통신 분야의 소재 개발에도 발 빠르게 대응하고 있다. 5G에서부터 9G에 이르기까지 새로운 통신 기술의 등장과 함께 새로운 소재도 크게 늘어날 것이다. 전 세계에 없는 새로운 소재 개발 경쟁에 뛰어들 준비가 되어 있다.

차세대 디스플레이를 위한 폴더블(foldable) 재료, OLED용 소재, 마이크로 LED용 소재 등과 자율 주행차 등 뉴 모빌리티를 위한 고속 전송용 소재, 회로재, MLCC용 이형 재료 등 신소재 개발에도 더욱 앞장설 것이다.

수소차, 전기차 등 친환경 파워트레인과 경량화 소재 시장을

선도하기 위해 탄소복합재료, PPS 수지 등 핵심 소재의 고부가
가치화 개발에도 주력해 나갈 것이다. 또 전 세계 물 부족 문제
해결을 위해 가정용 필터뿐만 아니라 다양한 산업 현장에 최적
화된 필터 솔루션을 통해 고품질 수자원 관련 토털 솔루션 기업
으로 발돋움할 것이다.

그리고 헬스케어 솔루션에도 주목하고 있으며, 이러한 시대
적 요구에 발맞추어 스마트 헬스케어 소재 사업에도 도전하려
고 한다.

도레이첨단소재의 모든 구성원은 소재가 세상을 바꿀 수 있다
고 믿는다.

100년 기업을 향한 우리의 도전은 계속해서 후배들의 창조적
인 아이디어와 열정, 그리고 헌신적인 노력이 더해져 반드시 이
룩될 것이라 확신한다. 나아가 100년을 넘어 200년을 향한 우리
의 염원이 이루어지기를 기대하는 마지막 꿈을 위해 나는 늘 기
도한다. 좋은 소재를 통해 좋은 사회를 만들어 나가겠다는 도레
이첨단소재의 목표는 영원히 이어질 것이다.

배움에는 끝이 없다

'나' 아닌,
'우리' 모두의
이야기

마침내 긴 이야기를 마무리할 시간이 왔다. 내게는 무척 의미 있는 이야기이지만 독자들에게는 과연 어떤 느낌으로 전해질지 궁금하다. 오랜 시간 정리해 온 원고를 책으로 내려니 시원섭섭한 마음이지만, 한편으로는 마음 한구석을 무겁게 하는 걱정도 있다.

책에 소개된 여러 성과가 마치 나 한 사람의 특별한 능력으로 이루어진 것처럼 비치면 어쩌나 하는 것이 가장 큰 걱정이다. 조직 생활에서 혼자 이룰 수 있는 일은 없다. 특히 막대한 연구와 개발 과정이 필요한 소재 산업의 거대한 프로젝트들을 나 혼자서 해낼 수는 없다.

이 책에 담긴 이야기들은 나와 함께했던 모든 사람의 이야기다.

소재가 경쟁력이다

책에는 '나'라고 표현했지만 '우리'라고 읽어 주었으면 좋겠다.

그럼에도 이렇게 용기를 낸 이유는 우리나라의 척박한 소재 산업 환경 속에서 이루어 낸 뜻깊은 성과들을 후배들에게 전하고 싶었기 때문이다. 무에서 유를 만드는 것과 같은 어려움을 이겨 내며 우리가 이룬 성취는 개인을 위한 것이 아니었다.

큰 허물 없이 성공적으로 회사 생활을 할 수 있게 해준 모든 분에게 감사드린다. 무엇보다 어려울 때 솔선수범해서 위기를 극복하는 데 동참해 준 우리 임직원들에게 모든 공을 돌리고 싶다. 그들이 없었다면 오늘 이 자리도 없을 것이다.

또한 모든 의사결정 순간에 한국 입장이나 상황을 이해해 주고 전폭적으로 지원해 준 도레이 경영진에게도 깊은 감사를 드린다. 마지막으로, 항상 나와 가족을 위해 헌신해 준 나의 반려자 윤남숙에게 고맙다는 말을 전하고 싶다.

나의 여정에 함께했고, 또 함께하고 있는 모든 분에게 다시 한번 감사드린다.

2023년 9월 한국도레이 R&D 센터에서
이영관

소재가 경쟁력이다

초판 1쇄 발행 2023년 10월 11일
초판 2쇄 발행 2023년 10월 18일

발 행 인 이창호
발 행 처 KMAMedia
책임편집 오성훈
홍보·마케팅 이지완, 이동언
디 자 인 이든디자인
출판등록 1991년 10월 15일 제1991-000016호
주　　소 서울 영등포구 여의공원로 101, 8층
문의전화 02-3786-0133 **팩스** 02-3786-0107
홈페이지 http://kmacbook.kmac.co.kr

ISBN 978-89-90701-56-5　93320

값 18,000원
잘못된 책은 구입처에서 바꾸어 드립니다.